Marketing Basic Selection Series
マーケティング・ベーシック・セレクション・シリーズ

マーケティング・リサーチ

㈱経営教育総合研究所
岩瀬敦智 著
Iwase Atsutomo

山口正浩 編著
Yamaguchi Masahiro

Marketing Research

同文舘出版

マーケティング・ベーシック・セレクション・シリーズ発刊にあたって

　マーケティング・ベーシック・セレクション・シリーズの内容は、経営教育総合研究所の主任研究員が携わってきた多数の企業や大学、地方公共団体での講義や研修、上場企業や中小企業へのコンサルティングがベースとなっています。

　マーケティング研修で、受講生に「マーケティング」から連想するキーワードを質問すると「企業戦略」、「販売促進」、「広告宣伝」、「営業担当者の強化」、「Web」、「TVCM」など、さまざまな答えが挙がります。消費者行動や企業活動の多様化に伴い、マーケティングも、さまざまな切り口から考えられるようになりました。

　本シリーズでは、多様化しているマーケティングを下記の12テーマのカテゴリーに分類し、最新事例や図表を使用してわかりやすくまとめています。本シリーズで、各カテゴリーのマーケティング知識を理解し、活用していただければ幸いです。

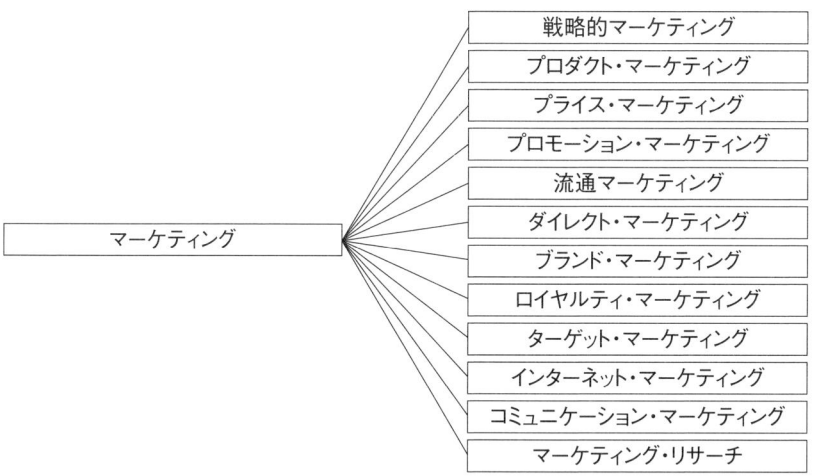

　本シリーズは一般の書籍と異なり、マーケティング・ベーシック・セレクション・シリーズ専用のHPを開設しています。HPでは書籍に書ききれなかった監修者・執筆者のコメントや、マーケティングに関する最新情報を紹介しています。本シリーズで学習したら、下記のHPにアクセスし、さらなる知識を吸収してください。
URL　http://www.keieikyouiku.co.jp/MK

株式会社 経営教育総合研究所
代表取締役社長　山口 正浩

まえがき

　大学院での講義で、学生に「マーケティング活動に欠かせないもの何でしょうか」という質問をしました。「製品を生産するための工場」「プロモーションの広告宣伝費」「組織小売業に営業するための営業組織」など、いくつもの回答の中に「市場調査のためのリサーチ」という回答がありました。「なぜリサーチが必要なのですか」と尋ねると、「あらゆるマーケティングの活動を失敗しないため」という回答が返ってきました。

　学生の回答のとおり、マーケティング・リサーチは、マーケティングの４Ｐ（プロダクト、プライス、プロモーション、プレイス）を確実に成功させるために必要な活動です。優れた企業を分析すると、顧客へのアプローチの際に、必ずといっていいほど「仮説の構築→実行→結果の検証」というプロセスを辿っています。この"仮説の構築"と"結果の検証"で欠かせない活動がマーケティング・リサーチです。

　マーケティング・リサーチの活動は、リサーチ会社やコンサルタント、企業のマーケティング部門が、お金をかけて実行するものと考えている人が多いようです。

　しかし、企業を取り巻く市場環境が急速に変化している昨今、マーケティング活動の最前線で顧客に直接接している営業担当者や店舗の販売員が、自ら情報を収集し、収集した情報をヒントに、次のマーケティング活動への"仮説の構築"を行うことが求められています。

　本書では、マーケティング・ミックスの４Ｐを軸にして、メーカー、サービス業、小売業など、業種やリサーチの目的に応じて、だれでも簡単に実行できる手法を紹介しています。

　PART１の「マーケティング・リサーチの概要」では、マーケティング・リサーチの一連の流れや、留意点について紹介しています。

　PART２の「プロダクトのマーケティング・リサーチ」では、メーカー

の視点で行うマーケティング・リサーチの手法について生産財と消費財の違いやブランドに触れながら紹介しています。

PART 3の「サービスのマーケティング・リサーチ」では、プロダクトの中のサービスに焦点を当て、顧客満足、従業員満足に触れながらサービス業視点のマーケティング・リサーチ手法を紹介しています。

PART 4の「プライス・プレイスのマーケティング・リサーチ」では、価格や立地が収益に大きく影響する小売業視点のマーケティング・リサーチ手法を、経営教育総合研究所のリサーチ事例を交えて紹介しています。

PART 5の「プロモーションのマーケティング・リサーチ」では、マスメディアや近年成長が著しいインターネット広告を介したマーケティング・リサーチ手法を紹介しています。

PART 6の「データ解析」では、マーケティング・リサーチの結果を分析するためのデータ解析の基本指標と、最も基本的な解析手法のひとつである単回帰分析について、Excel活用による実施方法まで解説しました。

PART 7の「プレゼンテーション」では、マーケティング・リサーチの価値をを伝えることに焦点を当て、調査報告書の作成とプレゼンテーションについて、チェックリストを示しながら紹介しています。

マーケティング・リサーチは実学であり、知識があっても実行できなければ意味がありません。どのPARTでも、"実行できる"リサーチをテーマに、具体的な手法やツール、事例を多く取り入れました。

本書を手にとったみなさんが、自分自身でマーケティング・リサーチを実行し、意思決定に役立てていただければ幸いです。

2012年8月

株式会社　経営教育総合研究所
主任研究員　岩瀬敦智

マーケティング・ベーシック・セレクション・シリーズ
マーケティング・リサーチ●────────目次

PART 1
マーケティング・リサーチの概要

section1	マーケティング・リサーチの重要性	10
section2	マーケティング・リサーチの進め方	16
section3	マーケティング・リサーチの留意点	28
section4	企業の分析	32
section5	企業を分析する際に知ってほしい指標	36

PART 2
プロダクトのマーケティング・リサーチ

section1	プロダクトのマーケティング・リサーチの概要	42
section2	マーケット探索	46
section3	コンセプト構築のマーケティング・リサーチ①	52
section4	コンセプト構築のマーケティング・リサーチ②	58
section5	受容性評価、テスト・マーケティング	62
section6	既存製品育成のマーケティング・リサーチ	66
section7	生産財のマーケティング・リサーチ	70

| section8 | 消費財のマーケティング・リサーチ | 74 |
| section9 | ブランドのマーケティング・リサーチ | 78 |

PART 3
サービスのマーケティング・リサーチ

section1	サービスのマーケティング・リサーチの概要	86
section2	顧客満足度調査	90
section3	従業員満足度調査	94
section4	ミステリー・ショッピング・リサーチ	98

PART 4
プライス・プレイスのマーケティング・リサーチ

section1	プライス・プレイスのマーケティング・リサーチの概要	104
section2	ストアコンパリゾン①（価格）	106
section3	ストアコンパリゾン②（店舗レイアウト）	110
section4	ＰＯＳ分析①（価格）	116
section5	ＰＯＳ分析②（店舗レイアウト）	120
section6	商圏調査①（統計データ）	124
section7	商圏調査②（後背地調査）	128
section8	立地調査①（目視調査）	132
section9	立地調査②（通行客・来店客比率調査）	136

section10 来店客調査① (新製品の価格) ……………………………………140
section11 来店客調査② (歩行動線調査) ……………………………………144

PART 5
プロモーションのマーケティング・リサーチ

section1 プロモーションのマーケティング・リサーチの概要……150
section2 マス4媒体広告のリサーチ……………………………………154
section3 インターネット広告のリサーチ①……………………………158
section4 インターネット広告のリサーチ②……………………………162
section5 セールス・プロモーションのリサーチ……………………166
section6 RFM分析……………………………………………………………170

PART 6
データ解析

section1 データ解析の基本指標……………………………………………176
section2 単回帰分析…………………………………………………………184
section3 Excel 活用法　単回帰分析………………………………………192

PART 7
プレゼンテーション

section1 調査報告書…………………………………………………………200

section2　グラフ··204
section3　プレゼンテーション···210

装丁・本文DTP●志岐デザイン事務所

section 1　マーケティング・リサーチの重要性
section 2　マーケティング・リサーチの進め方
section 3　マーケティング・リサーチの留意点
section 4　企業の分析
section 5　企業を分析する際に知ってほしい指標

PART 1

マーケティング・リサーチの概要

なぜ、今、マーケティング・リサーチが必要なのか?
どのように行えば効果的なのか?
マーケティング・リサーチの重要性と
進め方を理解する

section 1　マーケティング・リサーチの概要
マーケティング・リサーチの重要性

(1) 企業で必要とされるマーケティング・リサーチの知識

　企業において、マーケティング・リサーチは、だれが行うべきなのでしょうか。マーケティング部門でしょうか、それともリサーチの専門家であるプロのリサーチャーに任せればよいのでしょうか。

　顧客の動向や競合他社の動向など、企業を取り巻く経営環境の変化は、年々速くなっています。そこで企業でも、マーケティング部門に一任するのではなく、顧客との距離が一番近い営業担当者や店舗内の販売員が自らリサーチを行い、環境の変化に対応する必要性が高くなっています。

　多くの企業では、マーケティング・リサーチの予算は限られています。専門家であるプロのリサーチャーに依頼する場合にも、すべての調査を丸投げするのではなく、企業内でリサーチできることと、リサーチャーに依頼することを分類し、少ない予算で確実に収益に結びつく、効果の高いリサーチ活動が求められています。

　また、プロにリサーチを依頼する企業のマネジャーは、リサーチの結果に基づいて、マーケティングを実行する際に、どのようなリサーチの手法を用いた結果なのかを認識していないと、リサーチの結果をマーケティング活動に活かせないばかりか、間違った結論を鵜呑みにしたり、必要以上のコストがかかったりします。

(2) 経営者が行うマーケティング・リサーチ
①外部環境と内部環境の把握

　企業の経営者は、日々意思決定の場面に直面しています。

企業のコンサルティングの現場では、取引先企業の動向や競合他社の動向について意見を求められることがあります。また、経営者とともに経営戦略の構築に携わることもあります。企業の将来を左右する戦略を構築するためには、経営判断に必要な正確な情報が必要です。その正確な情報を収集するために、マーケティング・リサーチを行います。

　経営戦略の構築のために行うマーケティング・リサーチでは、企業の外部環境と内部環境を分析するための情報を収集し、収集した情報をSWOT分析などのフレームワークを用いて分類し、企業を取り巻く経営環境の分析をします。

　SWOT分析とは、1960年代にアメリカのスタンフォード研究所（SRI）のハンフリーらにより、企業の長期計画の失敗理由を研究する中で考案された、企業や個人の外部環境・内部環境の分析手法です。

　SWOTの意味は次のとおりです。

a. 強み（Strengths）

　強みとは、目標達成に貢献する組織（個人）の特質（内部環境の特質）です。

b. 弱み（Weaknesses）

　弱みとは、目標達成の障害となる組織（個人）の特質（内部環境の特質）です。

c. 機会（Opportunities）

　機会とは、目標達成に貢献する外部環境の特質です。

d. 脅威（Threats）

　脅威とは、目標達成に障害となる外部環境の特質です。

　つまり、「強み」と「弱み」は企業が抱える内部環境であり、「機会」と「脅威」は企業を取り巻く外部環境です。

　その外部環境である「機会」には、「商圏内の人口の増加」や「新商品の需要増加」「競合店の撤退」などがあります。また「脅威」には、「商

図1-01　SWOT分析

	プラス要因	マイナス要因
内部環境	ゾーン① 強み (Strengths) 【例】直営店	ゾーン③ 弱み (Weaknesses) 【例】従業員のモラール低下
外部環境	ゾーン② 機会 (Opportunities) 【例】商圏内の人口増加	ゾーン④ 脅威 (Threats) 【例】他社の新店舗完成

圏内の人口の減少」や「競合企業の新商品の発表」「競合店の出店」などがあります。

　大企業で経営企画部門や市場をリサーチする部門などがある場合には、専門的な部門がこうしたリサーチを担当しますが、中小企業ならば、経営者自らがリサーチする必要があるでしょう。

②実態を把握しにくい内部環境

　企業の内部環境は、企業内の情報であるため、外部環境の情報と比較して収集しやすいと思われがちです。

　しかし、経営者が従業員の本音を聞き出すことは非常に難しく、企業をコンサルティングしていると、経営者から「今回の営業展開について従業員は実際のところ、どのように思っているのかな」というような相談を受けることがよくあります。

　例えば、こんな例があります。

　従業員のモラール（士気）が低下していると感じた経営者が、これは

いけないと思い、急遽、従業員に面接をしたところ、従業員からは業務に対して前向きな意見が多く、特に問題点は見つかりませんでした。しかし後日、社内で実施した無記名のアンケート結果からは、現在の処遇に関する不満やマネジメント職の管理に対する不満が増大していることがわかりました。

　従業員同士の飲み会や社内の同期の集まりなどのインフォーマルな場所では、経営者や経営体制に対する不満が聞こえても、経営者との面接の席や部内の会議などのフォーマルな場所では、なかなか本音を聞き出すことはできません。

　特に、企業の「弱み」の部分は、従業員にとっては、自身のマイナス評価につながるため、リサーチを行う際には、記入者個人が特定されないように細心の注意を払う必要があるでしょう。

　内部環境のリサーチは、企業内の担当者が行うより、コンサルタントなどの第三者に依頼して、評価やコメントを収集することも有効です。アンケートの結果は、円グラフや棒グラフなど一覧できる形式でまとめ、必ず、アンケートを実施した従業員に対してフィードバックしましょう。アンケートを収集される側は、収集された情報がどのように使われているのかを把握できないと、組織に対して不信感や不満を持つようになります。

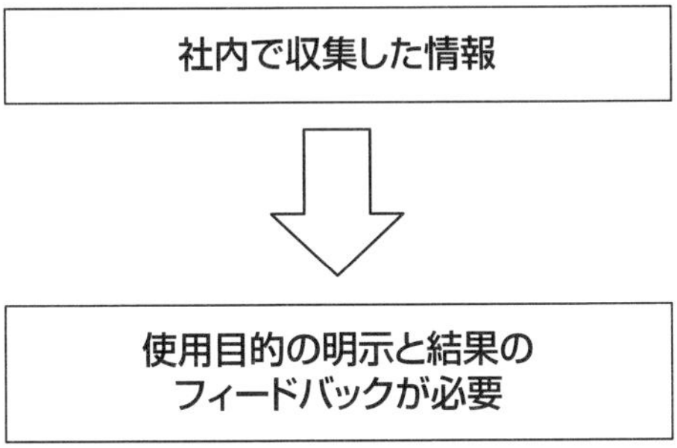

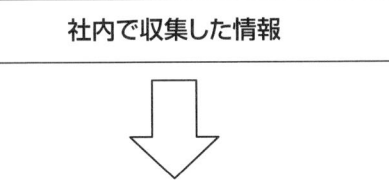

③マーケティング戦略に不可欠な組織力

　経営者が内部環境の把握を誤ると、せっかくのマーケティング戦略も組織内の連携が足りないために失敗に終わることがあります。

　あるリフォーム会社では、企業の業績が急成長し、新しい支店が増加しているとき、売上が急激に低下したことがありました。

　その企業では、プロモーションを定期的に行い、営業担当者の対応もよく、競合他社と比較して、よい商品を手ごろな価格で販売していたにもかかわらず、売上が急激に低下してしまったのです。

　内部環境のリサーチを行った結果、原因は、電話応対のオペレーターのモラールダウンでした。オペレーターが顧客からの見積もり依頼を受けてから、支店の営業担当者への連動が緩慢で、顧客へのアプローチが遅くなり、競合他社に顧客を奪われるケースが頻出したのです。

　せっかくの販売チャンスも、企業の成長に組織力がついていかなかったために逃し、売上が減少した事例です。

　このケースでは、オペレーターの個人別ヒアリングでは、問題点が浮かび上がることはありませんでした。リサーチの担当者が顧客になりすまして、商品の見積もりを依頼して判明したのです。

図1-02　内部環境へのアプローチ

	プラス要因	マイナス要因
内部環境	ゾーン① 強み (Strengths) 【例】直営店	ゾーン③ 弱み (Weaknesses) 【例】従業員のモラール低下
外部環境	ゾーン② 機会 (Opportunities) 【例】商圏内の人口増加	ゾーン④ 脅威 (Threats) 【例】他社の新店舗完成

⇐ 弱みは、内部のみの視点では発見するのが困難

(3) 営業担当者が行うマーケティング・リサーチ

　法人部門の営業担当者ならば、新規の取引先を開拓する際に、企業の状況を理解して効果的にアプローチするために、リサーチが必要です。

　必死で営業活動をして、取引を開始した企業がすぐに倒産してしまっては、それまでの努力が水の泡となってしまいます。

　また、自社の製品を購入する見込みのない企業にばかりアプローチしていては、時間の無駄になってしまいます。

(4) 店長や販売担当者が行うマーケティング・リサーチ

　店長や販売担当者ならば、日々の店舗の売上に直結する顧客の動向や他店の価格動向やプロモーション、自店の評判についてリサーチする必要があります。

　競合他店が特売を開始したら、自店でも価格変更やサービス対策等を迅速に行う必要があります。顧客からのクレームに対しては、迅速かつ誠実に対応する必要があります。

(5) 大学生が行うマーケティング・リサーチ

　大学生の就職活動の時期が近づいてくると、「自分の就職希望先の企業は長期的に大丈夫でしょうか」「どのような業界に就職したら良いでしょうか」といった質問を受けます。

　自分の一生に大きな影響を与える就職活動は、新規の取引先を開拓する営業担当者と同じように、真剣に相手企業を見きわめる必要があります。

　企業でも個人でも効果的なマーケティング活動により、少しでも多くの収益や良い成果をあげようとするときには、必ずマーケティング・リサーチを行います。

section 2　マーケティング・リサーチの概要

マーケティング・リサーチの進め方

　section2では、マーケティング・リサーチの進め方を紹介します。
　フィリップ・コトラー&ゲイリー・アームストロング著『マーケティング原理 第9版』によると、「マーケティング・リサーチとは、ある組織が直面しているマーケティング状況に関連した情報を体系化、収集、分析、報告することである」とあります。
　組織や個人がマーケティング・リサーチを円滑に行うためには図1-03のステップが必要です。

(1) 問題点の明確化
①X社の失敗と問題点把握の重要性
　問題点の明確化は、マーケティング・リサーチの出発点となります。この出発点がずれていると、マーケティング・リサーチは失敗します。
　例えば、インテリアショップを展開するX社では、若い主婦層をターゲットとした新規ブランドの食器と雑貨をヨーロッパから輸入して、店舗で展開するとともに、大々的なプロモーションを実施しました。
　しかし、派手にプロモーションを行ったにもかかわらず、新規ブランドの食器と雑貨の売上はほとんど伸びませんでした。
　X社の本部マネジャーは、輸入食器と雑貨がほとんど売れなかった原因が、「チラシやカタログのデザインと、DM（ダイレクトメール）を配布したエリアが間違っていたためだ」と性急に判断し、自社のプロモーション効果の調査をリサーチ会社に依頼しました。
　しかし、来店客の調査結果では、DMやカタログを見て来店した顧客

がほとんどで、プロモーションの前より来店客数は増加しており、標的とする顧客（若い主婦層）に対して適切にプロモーションが到達していることがわかりました。

後日、X社の店舗マネジャーから提出された報告書から、店舗内で輸入食器と雑貨を展開したスペースは、顧客の通過率が低く、特に食器を陳列している什器前の通路幅は狭く、ベビーカーを押しながら買物をする若い主婦層にとっては、買いにくいことがわかりました。

さらに、店舗内のセールス・プロモーションもDMと連動しておらず、商品を探して販売員に尋ねる顧客がいたり、じっくりと手に取って商品を確かめる顧客がほとんどいなかったことがわかりました。

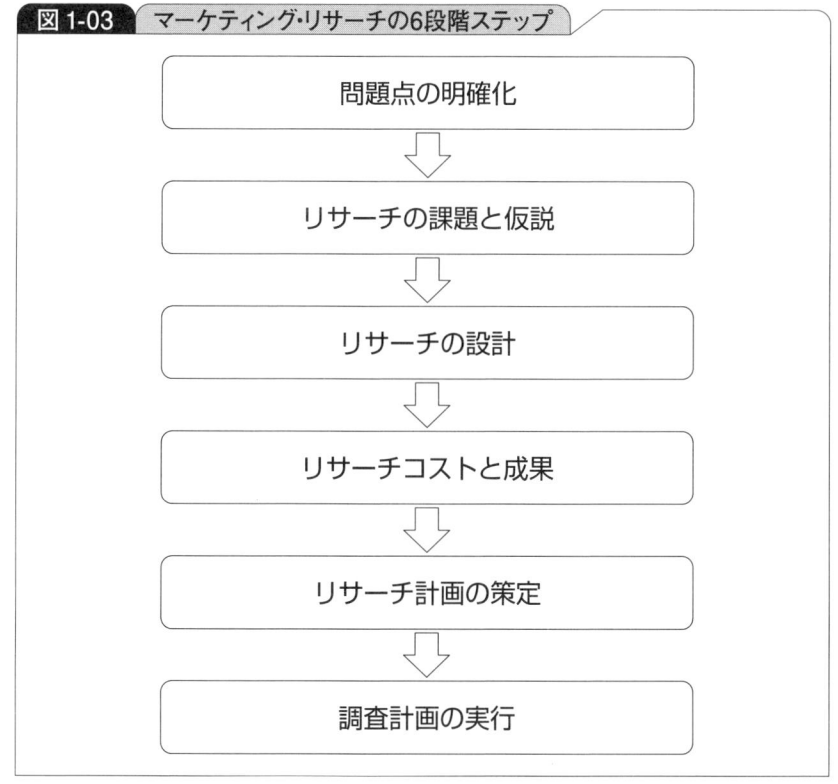

図 1-03　マーケティング・リサーチの6段階ステップ

問題点の明確化
↓
リサーチの課題と仮説
↓
リサーチの設計
↓
リサーチコストと成果
↓
リサーチ計画の策定
↓
調査計画の実行

②問題点から本質的な問題点へ

　このケースでは、プロモーションが顧客へ到達していないことが、売上低迷の原因ではなく、標的顧客（若い主婦層）が商品を手に取って興味を示すような売場展開ができていなかったことが、本当の原因（問題点）でした。

　問題点をさらに掘り下げると、X社の店舗スタッフが、店舗内における顧客の回遊パターンを把握しておらず、標的顧客に合わせた通路幅の設定や什器での陳列位置の設定、DMと連動させたセールス・プロモーションが徹底されていなかったことが、さらに本質的な問題点であることがわかりました。

　本当の原因（問題点）を認識できていないと、無駄な時間とコストをリサーチに費やすことになります。

　X社の本部マネジャーが、本当の原因（問題点）を認識し、本質的な問題点がはっきりしたら、次のステップであるリサーチの目的の決定に進みます。

③一般的な新製品の導入についての問題点

　その他、一般的な新製品の導入の際の問題点を考えると、ブランド認知の低さ、ブランドイメージの悪さ、TVCMよりDMによるプロモーションのほうが効果的であった、というような広告媒体の選択の間違い、コストを削減したことによる不十分なプロモーションなどが考えられます。

　リサーチを実行するためには、これらの中から、最も可能性のある原因を明確にしなければなりません。本当の原因を探る際には、顧客と接している店舗スタッフや現場の担当者の意見を参考にすると、糸口が見つかりやすくなります。

(2) リサーチの課題と仮説

①本質的な問題点からリサーチの課題へ

　次のステップである、リサーチの課題では、本質的な問題点を解決するためには、「何を」リサーチにより明らかにすべきかを考えます。

　X社の場合には、「X社の店舗スタッフが、店舗内における顧客の回遊パターンを把握しておらず、標的顧客に合わせた通路幅の設定や什器での陳列位置の設定、DMと連動させたセールス・プロモーションが徹底されていなかったこと」が本質的な問題点でした。

　本質的な問題点がわかると、来店する顧客の回遊パターンや、適切な通路幅や商品陳列の高さや位置、セールス・プロモーションの効果を把握することが、リサーチの課題であることがわかります。

②リサーチの課題からリサーチの仮説へ

　リサーチの課題がわかったら、リサーチの仮説を次のように質問文形式で表現します。表現方法は、より具体的に、何％や何センチメートルといったように、計測できるようにします。

・来店者の属性のうち、若い主婦層の割合は何％か？
・ベビーカーを押しながら来店する顧客の割合は何％か？
・若い主婦層の平均身長は何センチメートルか？
・若い主婦層が手に取りやすい陳列の高さは何センチメートルか？
・標的顧客が来店した際に、どのような順序で売場内を回遊するか？
・商品を手に取って興味を示したときの購入の割合は何％か？
・どのようなセールス・プロモーションを展開すると効果的か？
・セールス・プロモーションを実行すると、何割の顧客が立ち止まり商品を手に取るか？

　上記のように、仮説を質問文形式で、数値を用いて具体的に表現すると、効果的にリサーチできます。

(3) リサーチの設計

リサーチの設計は、①探究的リサーチ、②記述的リサーチ、③因果的リサーチの3つに大別されます。

一般的な手順は、ある問題が起きた場合に、①探究的リサーチにより考えられる原因を列挙し、②記述的リサーチにより原因を絞り込み、③因果的リサーチにより、絞り込まれた原因の中でどれが問題現象に対して最も因果関係を示すのかを認識します。

X社のように、「店舗スタッフが、店舗内における顧客の回遊パターンを把握しておらず、標的顧客に合わせた通路幅の設定や什器での陳列位置の設定、DMと連動させたセールス・プロモーションが徹底されていなかったこと」がわかっていて、仮説もはっきりしているならば、記述的リサーチや因果的リサーチから始めることもできます。

(4) 探究的リサーチ

探究的リサーチでは、問題点を明らかにして仮説を考えるために、予備的な情報を集めます。

先ほどのリサーチの課題と仮説のステップで、リサーチの問題点が漠然とした内容ならば、探究的リサーチにより、問題点を明確にします。

X社では、店舗マネジャーから提出された報告書により、「店舗スタッフが、店舗内における顧客の回遊パターンを把握しておらず、標的顧客に合わせた通路幅の設定や什器での陳列位置の設定、DMと連動させたセールス・プロモーションが徹底されていなかったこと」がわかりました。

もし、店舗マネジャーから報告が提出されなかった場合には、本部マネジャーは、どうしたら良いでしょうか？

大々的なプロモーションの効果により、プロモーションの実行前より来店客数が増加したことまでは、リサーチ会社の調査でわかっています。

しかし、「なぜ、新規に導入した輸入食器と雑貨の売上がほとんど伸びなかったのか」についてはわかりません。そこで、輸入食器と雑貨の売上がほとんど伸びなかった本当の原因を、リサーチにより探究する必要があります。

　探究的リサーチでは、問題点の構造化が困難なため、X社の場合には、店舗マネジャーや販売員に対するヒアリングや標的顧客に対するヒアリング、客動線調査、マーケティングの文献調査など、状況に合わせた柔軟性のあるアプローチを採用します。

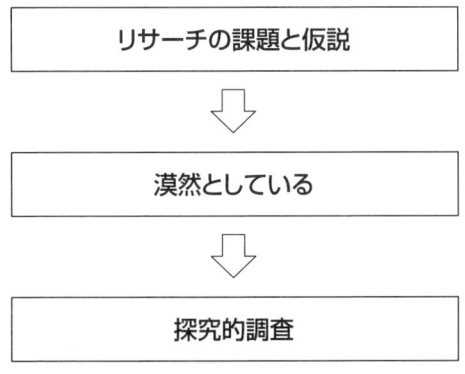

　探究的リサーチの成果をあげるためには、リサーチャー（X社では本部マネジャー）の発想力や洞察力が必要です。この部分は、個人の資質に依存することが多くなりますが、マーケティングに関する知識を持つことにより、さまざまな切り口からの予想が可能になります。

　この問題の糸口を見つけるための切り口は、幅広くマーケティングを学習することによって発想できるようになるのです。

　X社の本部マネジャーに、セールス・プロモーション（姉妹書『プロモーション・マーケティング』のPART4）の知識があれば、「実際に手に取って購買してもらうこと」の必要性についての切り口から、適

切な仮説が導き出せます。

(5) 記述的リサーチ

　記述的リサーチでは、ある時点における市場の側面を構造的に抽出します。具体的には、ある製品を購入する顧客の人口動態や購買行動を調べることです。

　X社では、来店客の属性（性別や年齢など）調査や店内でセールス・プロモーションを実行することにより、顧客の購買行動がどのように変化するかを把握します。

　記述的リサーチを選択する場合には、課題に対して多くの情報があり、仮説が設定されている必要があります。

　記述的リサーチには、横断的手法と時系列的手法があります。

①横断的手法

　横断的手法は、1回だけデータ収集を行う手法です。横断的手法では、母集団の特性を推定します。具体的には、母集団を代表するようなサンプルをランダムに抽出します。これは次のような質問が該当します。

・有権者のうち何割が、現在の内閣を支持しているか？
・店舗の来店者の来店手段（徒歩・自転車・車・電車）の割合は？
・来店者のうち新製品を認識している割合は？

②時系列的手法

　時系列的手法は、サンプルに対して繰り返して測定を行います。繰り返し測定することにより、時間の経過による変化を追跡できます。これは次のような質問が該当します。

・内閣組閣時と現在では、有権者の評価はどのように変化したか？
・過去5年間で来店者の属性（男性・女性・年齢層）はどのように変化したか？
・通路幅の変更前と変更後では、客動線がどのように変化したか？

(6) 因果的リサーチ

　因果的リサーチでは、原因と結果についての仮説を検証します。例えば、「既存の商品の価格を10％値下げしたら、値下げに見合う販売数量の増加が見込まれるだろうか」というような質問が該当します。

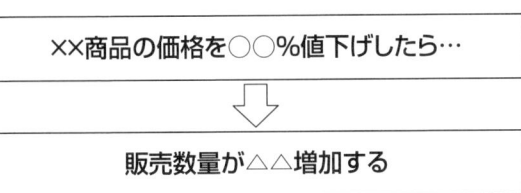

　この場合、「価格の○○％値下げ」が原因で、「販売数量が△△増加」が結果となります。つまり、因果的リサーチの「原因→結果」という構造を明らかにしています。

　ここでは「××商品」というように、因果関係の証拠が得られるように分析対象の環境を絞り込むことがポイントです。

　商品全般というように、分析対象を絞り込まないと、値下げしたから販売数量が増加したのか、そもそも新商品だから販売数量が増加したのかがあいまいになってしまいます。

(7) 価格弾力性による値下げ効果の分析

　因果的リサーチで紹介した、商品の価格の10％値下げによる販売数量の増加について検証します。売上高は次の式で示されます。

　　売上高＝商品単価 × 販売数量

　上記の式で、値下げは商品単価を安くすることになります。値下げに見合う販売数量の増加とは、商品単価の低下以上に販売数量が増え、商品単価と販売数量をかけた結果である売上高が、値下げ前よりも増加することです。

ある喫茶店では、1,000円のランチ定食の価格を10%値下げして、900円で販売しました。値下げ前は100食販売していましたが、値下げにより販売量が増え、120食になったとします。

値下げ前の価格（1,000円）での売上高
　　＝1,000円×100食＝100,000円（10万円）
値下げ後の価格（900円）での売上高
　　＝900円×120食＝108,000円（10万8千円）

　値下げ後は8,000円も売上高が増加したため、値下げの効果があったことがわかります。
　値下げの効果をリサーチする際には、需要の価格弾力性を測定します。需要の価格弾力性が高いほど、値下げに対して販売数量が増加します。反対に、需要の価格弾力性が低いほど、値下げに対して販売数量が変化しなくなります。
　価格弾力性をリサーチしておくと、類似の商品の値下げの意思決定の際に参考になります。価格弾力性は次の式で示されます。

$$需要の価格弾力性 = \frac{販売数量の変化率}{価格の変化率}$$

販売数量の変化率と価格の変化率は次のように算出します。

$$販売数量の変化率 = \frac{値下げ後の販売数量 - 値下げ前の販売数量}{値下げ前の販売数量} \times 100$$

$$価格の変化率 = \frac{値下げ後の価格 - 値下げ前の価格}{値下げ前の価格} \times 100$$

先ほどの喫茶店のランチ定食の値下げの例で、需要の価格弾力性を算出してみましょう。

$$販売数量の変化率 = \frac{120食 - 100食}{100食} \times 100 = 20\%$$

$$価格の変化率 = \frac{900円 - 1,000円}{1,000円} \times 100 = -10\%$$

$$需要の価格弾力性 = \frac{20\%}{-10\%} = 2$$

一般的に需要の価格弾力性はプラス表示します。10％の値下げは、20％の販売数量の増加になります。売上高の増加額を見ると、今回のように需要の価格弾力性が1より大きいときには、値下げが効果的であるといえます。

需要の価格弾力性の詳細は姉妹書の『プライス・マーケティング』PART3を参照してください。

(8) リサーチコストとリサーチ成果のバランス

マーケティング・リサーチにかかるコストは、どのようなリサーチの設計を選択するかによって変動します。リサーチコストを考える際には、リサーチ会社など、リサーチのプロに依頼するときの費用だけを考えてしまいがちですが、リサーチにかかる時間もコストとして把握する必要があります。

マーケティング・リサーチは、的確な意思決定をするために用いられることが多いため、リサーチに時間がかかってしまったら、新製品の販売機会を失ってしまうでしょう。

必要な情報を収集する際にも、自社内の既存情報で分析する場合には、

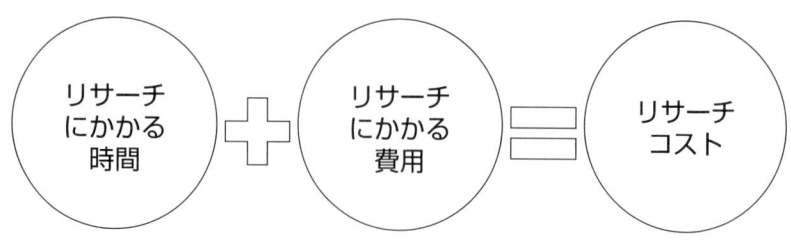

コストを抑えることができます。

　しかし、リサーチ会社に依頼したり、業界全体の動向など広範囲な情報を新規で収集したりする場合には、時間も費用もかかり、リサーチコストは高くなります。

　リサーチにどれだけの費用をかけるべきかは、組織や個人によって異なります。企業にはそれぞれの業務で予算があるため、リサーチに対して無制限にコストをかけられるわけではありません。

　リサーチコストを考える際には、リサーチにより得られる情報で、間違った意思決定を回避し、正しい意思決定を実行した結果、どれだけの収益を獲得できるかを見積もる必要があります。

　獲得できる収益を見積もることができれば、リサーチに費やせるコストの許容範囲が確定できます。

　不景気になると、企業はリサーチコストを削減する風潮になります。しかし、不十分なリサーチにより間違った意思決定をするほうが、企業のダメージは大きくなることを常に留意しなければなりません。

　例えば、新製品の開発の際に標的顧客の選定を失敗すると、開発した新製品の在庫は、すべて廃棄ゴミになる可能性があります。企業は、新製品というゴミを開発することに時間と労力を費やしたことになります。

(9) リサーチ計画の策定

　リサーチコストの見積もりとリサーチのスケジュールが確定したら、マーケティング・リサーチの計画書を作成します。マーケティング・リサーチの計画書は、リサーチ会社ならばクライアント企業に対するリサーチの実施計画書となります。

　リサーチの計画書は、社内のリサーチ部門がリサーチするときは、リサーチのための予算や人員を確定するために必要不可欠です。稟議が必要な企業ならば、上司の許可も必要となるでしょう。

(10) 調査計画の実行

　「調査計画の実行」では、情報の収集、情報の処理、情報の分析を行います。

①情報の収集

　情報の収集は、企業のマーケティング部門の担当者が行う場合と、外部の業者が行う場合があります。

　自社のスタッフが実行する場合には、情報収集のプロセスや情報源、情報の質などを詳細かつ厳しく管理することができます。

　外部の業者の場合には、迅速に情報を収集でき、社内の通常業務への負担を軽減する効果があります。

②情報の処理・分析

　収集したデータを処理・分析して、意思決定に必要な情報や結果を中心にまとめることが必要です。情報をまとめる際には、提出する相手にわかりやすく、見やすい資料に加工する必要があります。

section3 マーケティング・リサーチの概要

マーケティング・リサーチの留意点

　section2では、マーケティング・リサーチの進め方について見てきました。

　マーケティング・リサーチを進める上で、留意するべき点として、1次情報と2次情報の使い分け、調査対象の抽出が挙げられます。

　section3では、これらの留意点について、詳しく見ていきましょう。

(1)　1次情報と2次情報を使い分ける

　1次情報とは、特定の目的のために新たに能動的に収集される情報、2次情報とは、他の目的のためにすでに収集・加工された情報のことをいいます。

　例えば、自分たちでアンケートを作成し収集した情報は1次情報、すでに新聞やビジネス誌に掲載されている、他のアンケート結果は2次情報ということになります。

　一般的に、1次情報のほうが収集に手間や時間がかかる反面、伝えるときの説得力やインパクトは大きくなります。一方、2次情報は収集に手間や時間がかからない反面、伝えるときの説得力やインパクトは1次情報ほど大きくないという傾向があります。

　1次情報、2次情報の使い分けは、対象、リサーチの目的などによって異なります。

　例えば、仮説を構築する段階で2次情報を参考にし、仮説を検証するために1次情報を収集する場合もあれば、仮説を構築するために1次情報を収集し、さらに仮説を検証するために違う1次情報を収集するとい

うこともあります。

　一般的には、有益な1次情報を得るために、事前に2次情報を分析することが重要になります。企業の2次情報の分析方法は、次のsection4で紹介します。

　まずは、図1-04で1次情報と2次情報の特徴を押さえ、適切に使い分けられるようにしましょう。

(2) サンプリングが重要

　本来であれば、すべての対象者を調査することが理想ですが、調査の属性によっては、莫大な時間や費用がかかるため、現実的ではない場合があります。

図1-04　1次情報と2次情報

		1次情報	2次情報
定義		調査している特定の目的のために新たに能動的に収集される情報	他の目的のためにすでに収集・加工された既存の情報
長所		ある特定の目的に適合した情報が得られる 最新の情報を入手することができる	時間やコストが節約できる
短所		マーケティング調査を実施する場合、ある程度の時間とコストが必要となる	本来の目的に適合した情報が得にくい 国勢調査のように調査してから公表されるまで相当な時間を要するものがある 情報が陳腐化している
具体例	内部情報	売上高予測や営業経費の予測などの分析モデル	売上高をはじめとする会計記録などの内記記録
	外部情報	消費者実態調査・パネル調査などの市場調査	官公庁・業界団体などの書籍・レポート・刊行物や、新聞・雑誌の情報など 商用オンライン・データベース※

※ オンラインの商用データ・ソースやインターネットから入手できる電子データ情報を蓄積したもの

例えば、A小学校が1年生の「学校でのストレス度」を把握するためにアンケート調査を実施する場合は、対象が「A小学校の1年生」と限定されるため、すべての対象者を調査することも可能です。

しかし、B菓子メーカーが、20代のOLを対象にしたお菓子を開発するからといって、県内の20代のOL全員に意見を聞くことはできません。

後者の場合、対象者のうちから適当な人数をピックアップし、そのピックアップされた人たちに対する調査結果から、全体の結果を類推するサンプリングという手法をとります。

そのサンプルの抽出のしかたを間違えると、その後のリサーチを正しく行っても、有益な情報を得ることが難しくなります。マーケティング・リサーチを進める上で、サンプリングは非常に重要なポイントといえます。

サンプリングを実施するときは、以下の2点を確認します。

①サンプル・サイズ

対象人数をどの程度の規模にするかを決める必要があります。母集団の大きさによって、サンプル・サイズは変化します。母集団に対するサンプル・サイズの割合が大きいほど、調査結果の信頼性は高まる反面、時間や費用がかかります。

②サンプリング手順

回答者をどのように選択すべきかを決める必要があります。

サンプリング手順には、確率的抽出法と非確率的抽出法があります。

確率的抽出法には、単純無作為抽出法、階層別無作為抽出法、集団別抽出法があります。

非確率的抽出法には、便宜的抽出法、作為的抽出法、割り当て抽出法があります。

詳しくは、図1-05を参照してください。

図 1-05　サンプリング手順

手順の種類	概要
単純無作為抽出法	母集団の全メンバーが、同じ確率で選定される
階層別無作為抽出法 (層化抽出法)	母集団を相互に独立したグループ(【例】年齢層等)に分け、グループごとに無作為抽出を行う
集団別抽出法 (集落化法)	母集団を排他的なグループ(【例】地域等)に分け、調査者がインタビューのためのサンプルを抽出する
便宜的抽出法	調査者が最も入手しやすい対象者を抽出する
作為的抽出法	調査者が正確な情報を得るために最適と判断した対象者を選出する
割り当て抽出法	調査者が各カテゴリーから事前に指定された数の対象者を選出し、インタビューする

出典：コトラー＆アームストロング著『マーケティング原理　第9版』
(ダイヤモンド社)を基に作成

section 4　マーケティング・リサーチの概要

企業の分析

　競合企業や取引先企業をリサーチする際には、さまざまな手法があります。上場企業であれば、ホームページ上に投資家向けの情報コーナーがあり、有価証券報告書などの資料を掲載しています。

　取引を検討している企業や就職を希望している企業の概要をすばやく調べるためには、これらの情報から企業分析をすることが有効です。

　企業が、新製品を市場に導入するときも、導入市場で競合相手となる既存企業の体力（財務力、組織力）を知っていれば、マーケティングのプライシングやプロモーションなどの戦い方も見えてきます。

　また、就職活動中の学生が、大学の先輩やリクルーターに会い、実際の企業の状況や仕事の内容について有用な情報を得たいと考えた場合、質問項目がはっきりしていなければ、良い情報を聞き出すことはできません。

　大学の先輩などに質問して得られる情報は、1次情報です。しかし、良い情報を聞き出すためには、2次情報を徹底的に分析して、適切かつ明確な質問項目を用意しておく必要があります。

　限られた時間の中で効果的なヒアリングをするためには、事前の入念な企業分析により、ヒアリングすべきポイントを絞り込みましょう。

(1) 企業分析の情報源

　企業を分析するための情報として、企業のホームページから容易に手に入れられる情報には、「IR最新情報」「アニュアルレポート」「有価証券報告書」「決算短信」などがあります。

これらの情報のうち、取引先の企業をリサーチする際に、参考になる報告書が有価証券報告書です。

(2) 時系列で分析しよう

　企業の経営者の性格を判断するには、時系列で分析すると効果的です。みなさんのまわりにも「自分を良く見せたい」という気持ちが強い人がいるでしょう。自分を良く見せたいという気持ちが強いほど、自己紹介のときに、自分の良いところばかりを話して、悪いところはあまり話さない傾向があります。

　企業も同様に、自社を実際の姿よりも大きく見せたい企業ほど、売上などの営業成績が急成長している部分だけを強調した報告書を作成する傾向があります。

　反対に、悪いところも含めてすべて知ってほしいという企業は、投資家に対して正確な報告を心がけ、過剰な表現を控える傾向があります。

　企業のホームページに掲載されている情報のみを鵜呑みにして判断せずに、最低でも過去5年分の有価証券報告書を自分自身で分析して判断しましょう。

(3)「ヒト・モノ・カネ」の切り口で分析しよう

　企業を分析する際に、ただ漠然と有価証券報告書を眺めていても、有益な情報は得られません。有価証券報告書には、多くの情報が記載されているため、自分なりの切り口を持って、分析を進めましょう。

　最も代表的な分析の切り口として、「ヒト・モノ・カネ」が挙げられます。

① 「ヒト」の分析

　企業におけるヒトとは、だれのことでしょうか。「企業は人なり」という言葉で形容されるように、企業が長期的な収益を生み出せるかどうかを確認するためには、企業を支えている従業員を分析しましょう。

従業員の特徴を分析する際には、従業員の平均年齢の推移を観察します。従業員の平均年齢が常に若い企業の場合、「若い人を毎年大量に採用しているのか」「入社２～３年で退社している人が多い企業なのか」「年齢の高い人を、積極的に子会社や関連会社に出向させているのか」といった疑問点が浮かぶでしょう。

　一般的に急速に拡大している企業は、中途採用を中心に行っています。企業が拡大して知名度が高くなってくると、新卒を採用します。

　有価証券報告書の分析後に、対象企業がどの段階にあるのかもヒアリングで確認するべきポイントになります。

② 「モノ」の分析

　企業における「モノ」とは、製品や取扱商品です。製品については、研究開発に着目しましょう。企業が、製品の開発にどのくらいのお金をかけているかで、製品に対するこだわりが見えてきます。

　研究開発費が年々減少している場合、業績が悪化し、新製品の開発にかけられるお金が減ってきている可能性があります。新製品の開発にお金がかけられなくなると、良い製品が生まれにくくなり、ますます売上が減少するという悪循環に陥ってしまう恐れがあります。もちろん、戦略的に開発費を削減している場合もあります。

　また、製品や取扱商品の在庫金額も確認しましょう。在庫金額が急激に増加している場合には、不良在庫が滞留している可能性があります。在庫の増加が、新市場の開拓や新規の顧客を獲得するためのものか、単なる売れ残りなのかをヒアリングで確認しましょう。

③ 「カネ」の分析

　企業における「カネ」については、有価証券報告書のキャッシュ・フロー計算書を分析しましょう。キャッシュ・フロー計算書は、営業活動によるキャッシュ・フロー（営業ＣＦ）、投資活動によるキャッシュ・フロー（投資ＣＦ）、財務活動によるキャッシュ・フロー（財務ＣＦ）

の3つに分かれています。

　企業は手元にある現金がなくなると倒産してしまうため、3つのキャッシュ・フローをコントロールして、企業全体のキャッシュ・フロー循環の全体のバランスをとっています。

　キャッシュ・フロー計算書を分析する際には、3つのキャッシュ・フローの推移を見ながら、企業のキャッシュ・フロー循環がどのような状態にあるのかを確認しましょう。

　一般的に企業の成長期は、成長するための投資や金融機関からの借り入れ、増資などの資金調達が多いため、投資CFはプラスで、財務CFもプラスになります。営業CFは、投資CFよりも小さいことが多いでしょう。企業が成長して安定期に入ると、営業CFが増加し、投資CFを賄えるようになります。財務CFは、余剰資金の金融機関への返済のため、マイナスになってきます。

　注意すべき企業は、不安定期の企業です。自社のマーケティング力が低下し、製品や商品が売れなくなり、営業CFはマイナスになります。企業はキャッシュ・フローのバランスをとるため、投資した資産を売却したり、金融機関からの借り入れを増やしたりします。不安定期の企業との取引を考えるときには、各キャッシュ・フローの変化がどのような経営活動から導き出されたものなのかをヒアリングで確認しましょう。

図1-06　キャッシュ・フローの循環

	成長期	安定期	不安定期
営業CF	営業CF＜投資CF	プラス	マイナス
投資CF	プラス	営業CF＞投資CF	マイナス
財務CF	プラス	マイナス	プラス

section 5　マーケティング・リサーチの概要

企業を分析する際に知ってほしい指標

　新規の取引先企業と、長期的に取引をしていくためには、自社の製品を継続して購入してくれることが重要です。それが可能かどうかを判断するためには、取引先企業の財務諸表を分析して数値を把握する必要があります。代表的な財務諸表は、貸借対照表と損益計算書です。

　分析した数値を判断する基準として、①同社の過去と比較して判断する時系列分析、②競合他社と比較する競合他社分析などがあります。

　比率のよし悪しを判断する場合、「過去と比較して悪いのか？」「競合

図1-07　貸借対照表(例)

【資産の部】
現金預金や建物など企業が持つ資産の詳細

【負債の部】
支払手形や社債など企業の負債。「他人資本」とも呼ばれる

単位：千円

資産の部		負債の部	
勘定科目	金額	勘定科目	金額
流動資産		流動負債	
現金預金	50,000	支払手形	2,000
売掛金	15,000	買掛金	40,000
有価証券	35,000	未払金	28,000
棚卸資産	80,000	固定負債	
固定資産		社債	80,000
建物	70,000	退職給付引当金	50,000
車両運搬具	5,000	純資産の部	
土地	95,000	資本金	50,000
借地権	3,000	資本準備金	80,000
投資有価証券	7,000	別途積立金	70,000
関連会社株式	90,000	繰越利益剰余金	50,000
資産合計	450,000	負債・純資産合計	450,000

【純資産の部】
企業が持つ負債によらない資本。同義の意味で「自己資本」とも呼ばれる

他社と比較して悪いのか？」を明確にする必要があります。

例えば、「総資本経常利益率が、A社と比較して○○％悪化している」というように、根拠となる「A社」を明記することにより、総資本経常利益率が、A社の数値と比較して悪いことが明確になります。

(1) 収益性の分析

企業のもうけを把握する分析に、収益性分析があります。収益性分析は、投下資本（建物や機械設備など）に対して満足な利益を獲得しているか否かを検討する分析です。少ない投下資本に対して大きな利益を獲得していれば、効果的に利益を獲得している企業といえます。

収益性を測定する基本指標は、「資本利益率」です。「資本利益率」は算定する「資本」と「利益」に用いる科目が、分析の主体、目的、対象により異なります。一般的には総資本経常利益率を用います。

図1-08　損益計算書(例)

単位：千円

Ⅰ売上高	200,000	販売した商品の仕入にかかった費用
Ⅱ売上原価	120,000	
売上総利益	80,000	商品から得られた純粋な利益
Ⅲ販売費および一般管理費	70,000	人件費、地代、水道光熱費、広告費など、店舗の運営、商品の販売などにかかった費用
営業利益	10,000	本業の活動によって得られた利益
Ⅳ営業外収益	5,000	受取利息など本業以外で定期的に得られた収益
Ⅴ営業外費用	7,000	支払利息など本業以外で定期的にかかった費用
経常利益	8,000	本業以外の活動も含めて得られた利益
Ⅵ特別収益	1,000	不動産売却益など突発的に発生した収益
Ⅶ特別損失	4,000	不動産売却・除却損など突発的に発生した損失
税引前当期純利益	5,000	法人税を差し引く前の最終的に獲得した利益
法人税等	2,000	法人税を差し引いた後の最終的に獲得した利益
当期純利益	3,000	

(2) 安全性の分析

　企業の経営が危険かどうかを把握する分析に、安全性分析があります。安全性分析は、貸借対照表を中心に分析します。短期借入金の返済能力を測る短期安全性分析、長期の資金調達の健全性を測る長期安全性分析、自己資本と負債の割合を分析する資本構成の安全性分析があります。

(3) 収益性・安全性を測定する指標

①総資本経常利益率

　総資本経営利益率は、総資本に対する経常利益の割合を示しています。総資本は、企業活動に投下しているすべての資本です。経常利益は、毎年、経常的に発生する利益で、営業利益に営業外収益を加算、営業外費用を減算して求めます。総資本経常利益率は、売上高で「売上高経常利益率」と「総資本回転率」に分解できます。総資本経常利益率が低いときは、総資本回転率と売上高経常利益率に分解して、原因を調べます。

$$総資本経常利益率（\%）= \frac{経常利益}{総資本} \times 100\%$$

②総資本回転率

　総資本回転率は、企業の資本の運用が効率的に行えているかどうかを示す指標です。一般的に、総資本回転率は高いほうが良く、低い企業は資本効率に無駄があり、企業が肥満体といえます。

$$総資本回転率（回）= \frac{売上高}{総資本}$$

③売上高経常利益率

　売上高経常利益率は、売上高に対して経常利益をどのくらいの割合で稼げているかを示す指標です。一般的に、売上高経常利益率が低い企業

は、売上に繋がらない費用が多く存在していると考えられます。

$$売上高経常利益率（\%） = \frac{経常利益}{売上高} \times 100\%$$

④自己資本比率

　自己資本比率は、総資本に占める自己資本の割合を示している指標です。自己資本は、貸借対照表上の純資産の部とほぼ同義で、返済義務のない資本です。比率が高いほど、資金の安定度が高い企業といえます。

$$自己資本比率（\%） = \frac{自己資本}{総資本} \times 100\%$$

⑤流動比率

　流動比率は、流動資産と流動負債を比較して算出します。流動資産は、現金および預金、受取手形など1年以内に資金化できる資産です。流動負債は、支払手形など1年以内に返済しなければならない負債です。流動比率が低いと、企業の短期支払能力が弱いことになります。

$$流動比率（\%） = \frac{流動資産}{流動負債} \times 100\%$$

⑥当座比率

　当座比率は、当座資産と流動負債を比較して算出します。当座とは即時という意味で、当座資産は、流動資産内の現金および預金、受取手形、売掛金、有価証券などすぐに現金化できる資産です。当座比率は、流動比率よりも厳しい観点から、短期支払能力を評価する指標といえます。

$$当座比率（\%） = \frac{当座資産}{流動負債} \times 100\%$$

section 1	プロダクトのマーケティング・リサーチの概要
section 2	マーケット探索
section 3	コンセプト構築のマーケティング・リサーチ①
section 4	コンセプト構築のマーケティング・リサーチ②
section 5	受容性評価、テスト・マーケティング
section 6	既存製品育成のマーケティング・リサーチ
section 7	生産財のマーケティング・リサーチ
section 8	消費財のマーケティング・リサーチ
section 9	ブランドのマーケティング・リサーチ

PART 2

プロダクトの
マーケティング・リサーチ

マーケティング・リサーチが
製品開発を成功に導く!
新製品開発、生産財・消費財、ブランドについての
マーケティング・リサーチを理解する

section 1　プロダクトのマーケティング・リサーチ

プロダクトの
マーケティング・リサーチの概要

　企業は多様化する消費者ニーズや少子高齢化の他に、新興諸国の台頭に伴う熾烈なグローバル競争等への対応が求められています。そこで国や地域ごとのニーズはもちろん、消費者の生活シーンに適合した製品の提供が必要になります。そのため各企業は、マーケティング・リサーチを行い、製品開発に反映させています。
　PART2では製造業のマーケティング・リサーチについて紹介します。

(1) 製品開発戦略の方向性
　製造業において、最もリサーチが必要になるのは製品開発です。市場に受け入れられる製品を開発するために、リサーチを活用します。製品開発のリサーチの前提となるのは、製品開発の方向性です。方向性に沿ったリサーチを実施しなければ、リサーチの結果が無駄になってしまう恐れがあります。

①アンゾフの成長ベクトル
　製品開発の方向性をアメリカの経営学者、アンゾフの成長ベクトルで考えてみましょう。アンゾフは製品と市場の視点から、市場浸透戦略、市場開発戦略、製品開発戦略、多角化戦略の４つの方向を示しました。今後狙うべき市場（既存・新規）を縦軸で示し、今後展開すべき製品（既存・新規）を横軸で分けています。自社の新製品の方向性を整理してみましょう。

②コア技術戦略マップ
　自社の製品開発の方向性を決定したら、自社の技術を把握します。顧

客ニーズを満たし、競合他社の技術レベルよりも高い自社の技術的強みを「コア技術」といいます。自社内で従事する技術者の技術水準や保有する特許技術の有無、競合他社や研究機関などの技術トレンドを分析し

図2-01　成長ベクトル

	現在の製品	新しい製品
現在の市場	市場浸透戦略	製品開発戦略
新しい市場	市場開発戦略	多角化戦略

出典：木下安司編・山口正浩監修『クイックマスター企業経営理論』（同友館）

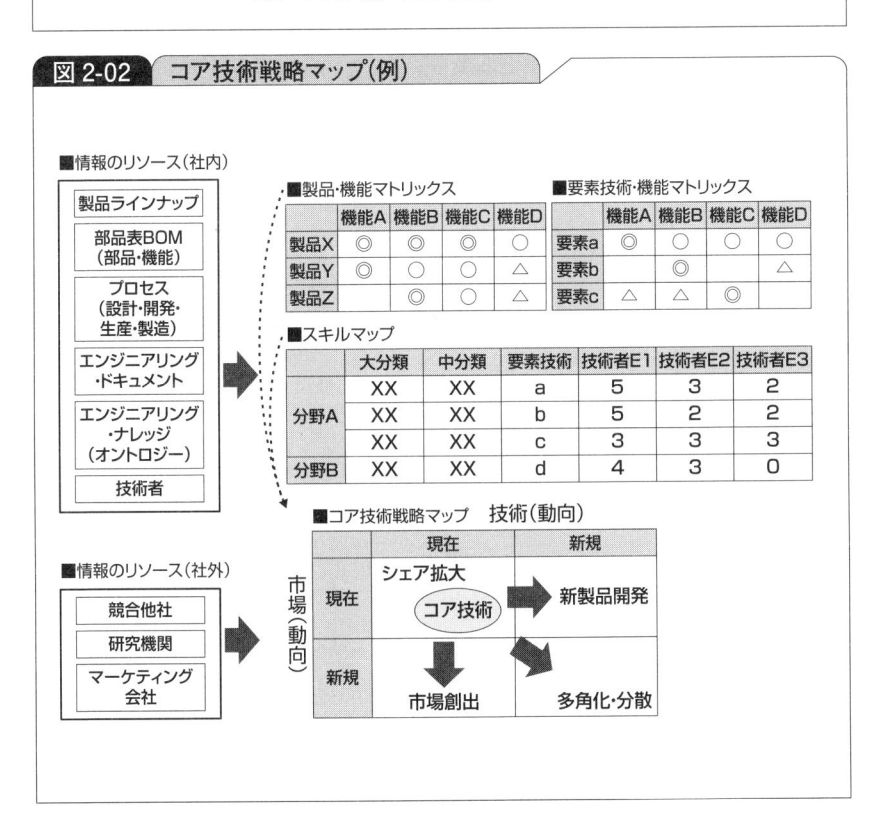

図2-02　コア技術戦略マップ（例）

■情報のリソース（社内）
- 製品ラインナップ
- 部品表BOM（部品・機能）
- プロセス（設計・開発・生産・製造）
- エンジニアリング・ドキュメント
- エンジニアリング・ナレッジ（オントロジー）
- 技術者

■製品・機能マトリックス

	機能A	機能B	機能C	機能D
製品X	◎	◎	◎	○
製品Y	○	○	○	△
製品Z	◎	○	△	○

■要素技術・機能マトリックス

	機能A	機能B	機能C	機能D
要素a	◎	○	○	○
要素b	○	◎	○	△
要素c	△	△	◎	○

■スキルマップ

	大分類	中分類	要素技術	技術者E1	技術者E2	技術者E3
分野A	XX	XX	a	5	3	2
	XX	XX	b	5	2	2
	XX	XX	c	3	3	3
分野B	XX	XX	d	4	3	0

■情報のリソース（社外）
- 競合他社
- 研究機関
- マーケティング会社

■コア技術戦略マップ　技術（動向）

市場（動向）	現在	新規
現在	シェア拡大／コア技術	新製品開発
新規	市場創出	多角化・分散

PART 2　プロダクトのマーケティング・リサーチ

たうえで、将来の技術的な方向性を「コア技術戦略マップ」としてまとめることで、製品開発の方向性と技術開発の方向性を一致させましょう。

(2) 新製品開発とマーケティング・リサーチの関係

　新製品の導入は経営戦略上きわめて重要であるにもかかわらず、新製品の成功率は高くありません。そこで新製品開発を成功に導くためには、新製品開発プロセスの各段階で仮説を検証するためのマーケティング・リサーチを行うことが重要になります。

　ここでは、姉妹書『プロダクト・マーケティング』PART 3 で取り上げている 6 段階の新製品開発プロセスに「市場の選定」を加えた 7 段階のプロセスとマーケティング・リサーチとの関係を確認しましょう。

①市場の選定

　消費者の属性や特性を把握して、市場の規模や特徴を調査、細分化して、標的市場を選定します。

②アイディアの収集・創造

　アイディアは、社内、社外のあらゆる情報源から収集します。

③アイディアのスクリーニング（選別・評価）

　アイディアを、企業の経営戦略や標的市場などに基づいて取捨選択します。

④事業性分析

　選択したアイディアの事業性を分析する段階です。定性的な評価と定量的な分析を行います。通常、定量的な分析は 3 C 分析といわれ、顧客分析、コスト分析、競争分析に分かれます。

　アイディアのスクリーニングと事業性分析を通じて、新製品開発で最も重要な「製品コンセプト」（新製品の基本的な考え方）を設定します。

⑤新製品の開発

　製品コンセプトに基づいて、製品企画書（仕様書）を作成し、具体的

な形になった新製品のプロトタイプ（試作品）を作成します。

⑥テスト・マーケティング

　候補にあがった新製品は、実際の市場で消費者の受容性評価を行います。受容性評価では、新製品の機能や品質以外にも、デザインやネーミング、価格面からも製品コンセプトとの整合性をチェックします。

⑦市場導入

　テスト・マーケティングの結果に基づいた調整を行った後、最適なタイミングを見計らって、成功が期待できる新製品を市場に導入します。

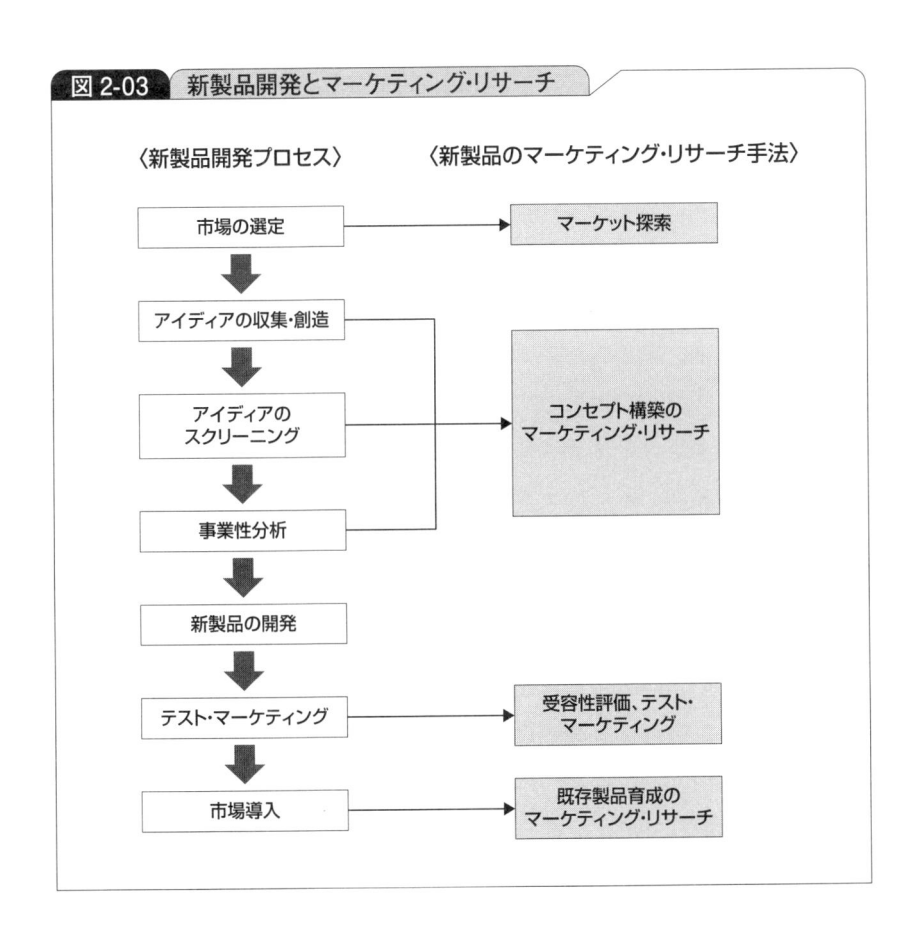

図 2-03　新製品開発とマーケティング・リサーチ

〈新製品開発プロセス〉　〈新製品のマーケティング・リサーチ手法〉

市場の選定 → マーケット探索

↓

アイディアの収集・創造

↓

アイディアのスクリーニング

↓

事業性分析

コンセプト構築のマーケティング・リサーチ

↓

新製品の開発

↓

テスト・マーケティング → 受容性評価、テスト・マーケティング

↓

市場導入 → 既存製品育成のマーケティング・リサーチ

section 2　プロダクトのマーケティング・リサーチ

マーケット探索

　新製品開発では、対象とする市場を決めて、それに応じた製品開発を行うことが重要です。このsectionでは、市場を選定する際のマーケティング・リサーチについて、理解を深めましょう。

(1) 生産財と消費財
　市場細分化の大前提となるのは、製品による分類です。基本的な考え方として、生産財と消費財の分類が挙げられます。
①生産財
　生産財（産業財）は、他の製品を生産するため、あるいは業務活動を行うため、または再販売することによって利益をあげるために購入される製品です。
　購入する主体は、企業などの法人や官公庁などの公共機関です。生産財に関する需要をリサーチするための手法として、ホームページの探索や、担当者へのヒアリングが挙げられます。生産財のマーケティング・リサーチはPART2 section7で詳しく説明します。
②消費財
　消費財（消費者用品、生活用品）は、最終消費者が家庭で使用・消費することを目的に購入される製品です。原則として、加工したり、再販売したりして、金銭的な利益を得ることがない製品です。
　消費財市場の代表的な市場細分化基準には、デモグラフィック変数（人口統計学的変数）とサイコグラフィック変数（社会心理学的変数）があります。消費財のマーケティング・リサーチはPART2 section8で詳し

く説明します。

(2) デモグラフィック変数（人口統計学的変数）

デモグラフィック変数は、客観的な事実として認識しやすく、単純な質問でリサーチしやすい指標です。

①デモグラフィック変数とは

デモグラフィック変数の代表的なものには、性別、年齢、所得、学歴、職業、家族構成、ライフステージ、世代、居住地域などがあります。ま

図 2-04　生産財と消費財の比較

	生産財	消費財
購買者	企業・公共機関	最終消費者
市場	垂直的・限定的市場	水平的・開放的市場
生産	少量生産・受注生産	大量生産
製品知識	豊富な専門知識が必要	十分な製品知識は不要
1回の購買量	大量	少量
購買動機	計画的・合理的・理性的	衝動的・感情的・習慣的
購買態度	製品の能力・生産性・採算性を重視	個人的・感情的・趣味的・嗜好的
購買頻度	低い	高い
購買目的	使用による利益	個人的消費満足
需要の価格弾力性	小さい（短期的には需要の逆弾力性が作用する）	大きい

出典：山口正浩監修、竹永亮著『プロダクト・マーケティング』（同文舘出版）

たグローバル戦略を推進する企業にとっては、これら以外に宗教、人種、国籍などにも注意する必要があります。

デモグラフィック変数は、帰属特性と達成特性に分類されます。

・帰属特性

　消費者がこの世に誕生したときから与えられたものであり、消費者がどのような環境にあっても自らが変えることのできない固定的な特性です。例えば、性別や年齢などが該当します。

・達成特性

　消費者がこの世に誕生してから自らの努力によって勝ち取ったものであり、消費者の直面する環境や状況によって変化しうる変動的な特性です。例えば、学歴や所得などが該当します。

　デモグラフィック変数に基づくデータは、国勢調査や各種統計資料など、客観的な既存資料などによって入手することができます。

②政府統計調査（公的統計）

国や都道府県、市町村などの公的機関が作成する統計（公的統計）の体系的かつ効率的な整備、およびその有用性の確保を図るため「統計法」が2009年4月1日に全面施行されました。統計法では、国勢調査によって作成される国勢統計、国民経済計算などの行政機関が作成する重要な

図 2-05　市場細分化の基準

デモグラフィック変数 （人口統計学的変数）	性別、年齢、所得、学歴、職業、家族構成、ライフステージ、世代、社会階層、居住地域 （宗教、人種、国籍）	客観データ	刊行データ （2次情報）
サイコグラフィック変数 （社会心理学的変数）	ライフスタイル、生活価値観、パーソナリティ、ベネフィット、使用率、ロイヤルティ、状況、興味、関心	主観データ	消費者調査が必要 （1次情報）

出典：和田充夫・恩藏直人・三浦俊彦著『有斐閣アルマ マーケティング戦略（第3版）』（有斐閣）を一部修正

統計を「基幹統計」として位置づけ、体系的整備が図られています。2012年3月現在、56個の基幹統計が指定されています。

③民間統計調査

　ある目的のためにマーケティング・リサーチ会社や民間団体などが行う統計調査のことです。国内外のマクロ経済や企業、地域ごとに主要指標（人口や事業所数など）をまとめたものや、特定の業界（シャンプーや情報サービスなど）について調査したものがあります。

　例えば、マクロ経済や市場・企業情報などを網羅した『日経NEEDS』（日本経済新聞社）、地域（都市圏・市町村別など）ごとの生産・消費・文化に関する主要指標を網羅した『民力』（朝日新聞社）などがあります。

図2-06　基幹統計の種類

所管官庁	調査名称
内閣府（1）	国民経済計算
総務省（14）	国勢統計、住宅・土地統計、労働力調査、小売物価統計、家計調査、個人企業経済調査、科学技術研究調査、地方公務員給与実態調査、就業構造基本調査、全国消費実態統計、全国物価統計、社会生活基本統計、経済構造統計、産業連関表
財務省（1）	法人企業統計
国税庁（1）	民間給与実態統計
文部科学省（4）	学校基本調査、学校保健統計、学校教員統計、社会教育調査
厚生労働省（8）	人口動態調査、毎月勤労統計調査、薬事工業生産動態統計調査、医療施設統計、患者調査、賃金構造基本統計、国民生活基礎統計、生命表
農林水産省（7）	農林業構造統計、牛乳乳製品統計、作物統計、海面漁業生産統計、漁業センサス、木材統計、農業経営統計
経済産業省（11）	工業統計調査、経済産業省生産動態統計、商業統計、埋蔵鉱量統計、ガス事業生産動態統計、石油製品需給動態統計、商業動態統計調査、特定サービス産業実態統計、経済産業省特定業種石油等消費統計、経済産業省企業活動基本統計、鉱工業指数
国土交通省（9）	港湾統計、造船造機統計、建築着工統計、鉄道車両等生産動態統計調査、建設工事統計、船員労働統計、自動車輸送統計、内航船舶輸送統計、法人土地基本統計

※合計56統計（2012年3月現在）
出典：総務省ホームページ

(3) サイコグラフィック変数（社会心理学的変数）

サイコグラフィック変数とは、主観的な要素が強く、客観的な事実として認識しにくい指標です。代表的なものには、パーソナリティ、ライフスタイル、ベネフィット、使用率、ロイヤルティ、状況などがあります。

サイコグラフィック変数は、心理学、社会学、社会心理学などで規定される概念であるため、主にインタビュー調査などの消費者調査に基づいて必要なデータを収集します。

①パーソナリティ（個性）

ある特定の個人が表現する通常の行動パターン、またはある個人を他者と区別する特性のことです。パーソナリティは、店舗選択やブランド選択などの消費者行動やプロモーション活動への反応に影響を与えると考えられています。

例えば、パーソナリティを測定・評価するための代表的なモデルとして、ＥＰＰＳ（Edwards Personal Preference Schedule）があります。ＥＰＰＳでは、「達成」「服従」「秩序」「顕示性」「自律性」「社交性」「分析」「依存性」「支配性」「自己軽視」「援助」「変化」「忍耐」「異性愛」「攻撃性」の15個の尺度を提示しています。

②ライフスタイル

生活の構造的側面や価値観、生活意識、生活行動などを同時に複合的に表現する特性のことです。ライフスタイルを測定・評価するための代表的なモデルとして、ＡＩＯモデルとＶＡＬＳモデルがあります。

ＡＩＯモデルでは、「同じライフスタイルの消費者は、どのような行動をとるのか、何に興味があるのか、どんな意見を持っているのか、が共通している」という考え方に立脚した分析手法です。具体的には、Ａ（Activities：活動）、Ｉ（Interests：興味）、Ｏ（Opinions：意見）の３つの変数を用いて測定・評価します。

ＶＡＬＳ（Values And LifeStyles）モデルでは、アメリカ国民のラ

イフスタイルを類型化し、生活者の消費行動を支えているライフスタイルや価値観を分析しています。最新の類型では、「達成者」「充足派」「社会理念派」「実現派」「渇望派」「体験派」「制作派」「生活困窮者」に分かれます。

③ベネフィット

　消費者が製品によってどのようなベネフィット（利益、便益、効用）を求めているのかに重点を置いて区分するものです。例えば、乗用車を購入することによって得られるステータス、アウトドアライフ、スポーツライフなどです。

④使用率

　消費者が製品を単位時間あたり、どのくらい使用するかに重点を置いて区分するものです。例えば、大口消費者、小口消費者、普通消費者などです。

⑤ロイヤルティ

　消費者が製品のブランドに対してどのくらいロイヤルティ（忠誠度）を示すのかに重点を置いて区分するものです。例えば、商標固執（そのブランドしか受け入れない）、商標選択（そのブランドがあれば選択するが、なければ他のブランドで代替する）などです。

⑥状況

　消費者がどのような使用状況によって製品を購入するのかに重点を置いて区分するものです。例えば、同じお茶でも毎日飲むもの、来客用、ギフト用などです。

　市場細分化の基準として従来からデモグラフィック変数が広く利用されてきましたが、消費者ニーズが多様化している現在においては、消費者の行動や意識を正確に把握するためにサイコグラフィック変数が注目されています。

section 3　プロダクトのマーケティング・リサーチ

コンセプト構築の
マーケティング・リサーチ①

　新製品開発プロセスのアイディアの収集・創造、アイディアのスクリーニング、事業性分析は、製品のコンセプトを構築する段階といえます。コンセプトを構築するためには、情報を収集し、集めた情報を自分の頭の中で整理する作業が必要になります。ここでは、効率的に情報を収集し、整理するためのリサーチ方法を紹介します。

(1) アイディアの収集・創造

　新製品開発は、アイディアの創造から始まります。アイディアは社内、社外のあらゆる情報源から収集されます。

　社内の情報源は、トップマネジメント、研究開発部員、営業部員、製造部員などです。

　社内の情報源から収集する情報は、次のとおりです。

①トップマネジメント

　経営理念、中長期的な経営目標、戦略の方向性など

②研究開発部員

　研究テーマ、成果(実験データ・サンプル・知的財産権)、研究開発上の問題点や課題など

③営業部員

　取引先の情報(経営状況・キーパーソン・売上予測)、消費者の感想や意見、クレーム、営業上の問題点や課題など

④製造部員

　生産に関する情報(資材・部品・設備・生産方法)、生産数量、在庫

数量、進捗状況、製造上の問題点や課題など

一方、社外の情報源には、消費者、取引企業、競争企業の製品、広告代理店、研究機関などがあります。社外の情報源から収集する情報は、次のとおりです。

⑤消費者

購入動機、購入頻度、デザインやパッケージに対する印象、使用後の感想や意見、クレーム、商品やサービスに対する改善点など

⑥取引企業

採用動機、競合製品との比較、採用後の評価、クレーム、商品やサービスに対する改善点など

⑦競争企業の製品

性能、機能、部品の種類や点数、組立構造、品質、デザイン、マニュアルなど

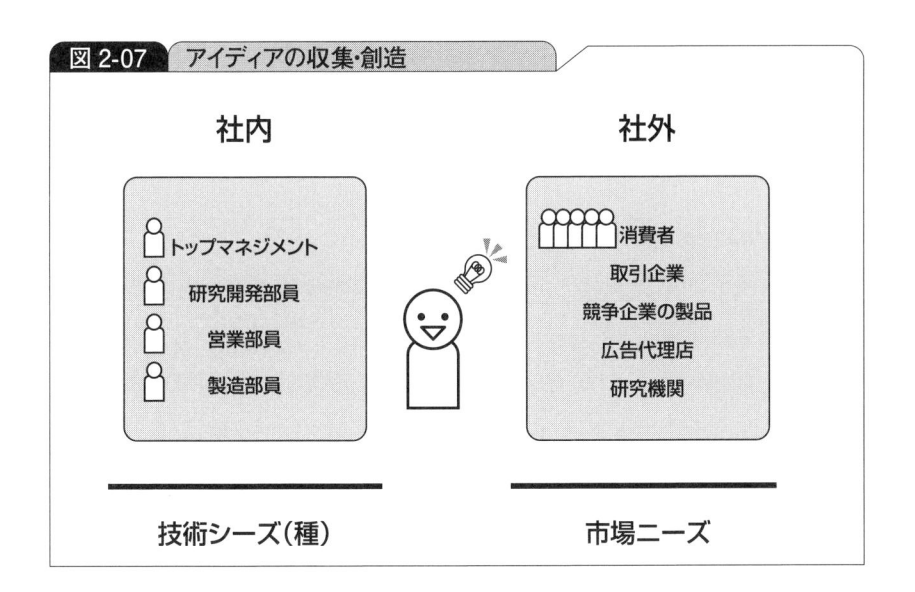

図 2-07　アイディアの収集・創造

社内
- トップマネジメント
- 研究開発部員
- 営業部員
- 製造部員

技術シーズ(種)

社外
- 消費者
- 取引企業
- 競争企業の製品
- 広告代理店
- 研究機関

市場ニーズ

PART 2　プロダクトのマーケティング・リサーチ

⑧広告代理店

　広告効果測定、認知度、競争企業の広告との比較など

⑨研究機関

　研究テーマ、研究設備の概要、成果（実験データ・サンプル・知的財産権）、共同研究の内容など

　アイディアは、自社の技術シーズ（種）から出る場合もあれば、市場（顧客）のニーズから出る場合もあります。特に市場（顧客）の潜在的ニーズを充足できる製品のアイディアが求められています。

　アイディアの収集・創造を活発化させるために、さまざまな科学的手法が活用されていますが、無からアイディアは生まれません。日頃から市場の動きや消費者の好みにアンテナを張っておくことが大切です。

　アイディアの収集法にはグループ・インタビューがあります。またアイディアの創造法にはブレインストーミング法、ブレインライティング法、チェック・リスト法、ゴードン法などがあります。

　詳しくは、姉妹書の『プロダクト・マーケティング』PART3に記載してあります。

(2) アイディアのスクリーニング（選別・評価）

　収集されたアイディアは、企業の経営戦略や標的市場などに基づいて取捨選択されます。

　新製品のプロトタイプ（試作品）を作成するには、多額のコストを必要とします。そこでアイディアのスクリーニングは、企業にとって必要なアイディアを選別し、不必要なコストを節約する目的で行われます。

　しかし、アイディアのスクリーニングには、潜在性が高いアイディアを誤って除去する危険（ドロップ・エラー）や、潜在性が低いアイディ

アを採用して開発を進めてしまう危険（ゴー・エラー）があります。

(3) 事業性分析

　事業性分析は、スクリーニングをしたアイディアの事業性を分析する段階であり、新製品開発の要となる重要なポイントです。事業性分析は、定性的な分析と定量的な分析に分かれます。

①定性的な分析

　定性的な分析では、主に顧客の選好を調査し、製品の特徴を明確化します。これにはリサーチの結果を再利用したり、新たに追加のマーケティング・リサーチを行うこともあります。

　この時点で、新製品のアイディアは製品コンセプトとしての性格を持ちます。アイディア段階では製品の一般的な説明にすぎませんが、製品コンセプトでは、標的市場（ターゲット）のニーズに基づいた便益（ベネフィット）が示されます。

　つまり製品コンセプトは、「標的市場・顧客（ターゲット）×便益（ベネフィット）」で定義することができます。

　そして便益は、客観的な評価や数値化が可能な「機能的価値」と消費者への心理的な効用である「情緒的価値」に分けることができます。これにより製品のポジショニング分析が可能となり、定量的な分析を行うことができます。

　製品ポジショニング分析については、次のsection4で紹介します。

②定量的な分析

　定量的な分析には、顧客分析、コスト分析、競争分析の3つがあります。それぞれの頭文字をとって、3C分析ともいいます。

・顧客分析（需要分析・市場分析、Customer Analysis）

　潜在売上高や成長性、消費者の購買率、当該市場の標的顧客層の占有

率などを短期的、長期的に分析します。
・コスト分析（Cost Analysis）
　総コスト、単位当たりコストを明確にし、損益分岐点、投資回収期間、既存商品との指数比較（利益率等）などを予測する分析です。
・競争分析（Competitor Analysis）
　競合他社の類似製品や潜在的な競合企業、市場獲得シェア、ブランド力などを分析します。

図 2-08　製品コンセプトの定義

○製品コンセプト
　＝標的市場・顧客(ターゲット)×便益(ベネフィット)
○便益(価値)＝機能的価値×情緒的価値

30代・40代の女性　　　（機能的価値）手軽・便利・健康
　　　　　　　　　　　（情緒的価値）一息・やすらぎ・リラックス

図 2-09　3C分析

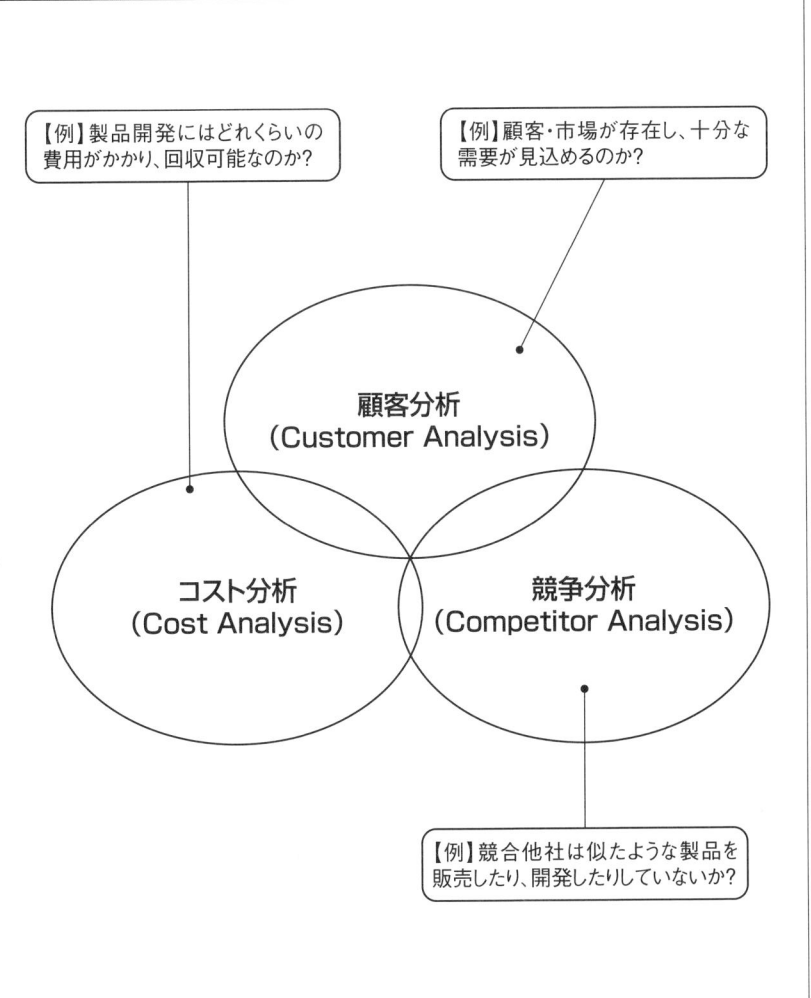

【例】製品開発にはどれくらいの費用がかかり、回収可能なのか？

【例】顧客・市場が存在し、十分な需要が見込めるのか？

顧客分析
(Customer Analysis)

コスト分析
(Cost Analysis)

競争分析
(Competitor Analysis)

【例】競合他社は似たような製品を販売したり、開発したりしていないか？

section 4　プロダクトのマーケティング・リサーチ

コンセプト構築の
マーケティング・リサーチ②

　ここでは競合製品のコンセプトをリサーチし、自社の新製品のコンセプト策定に活用していくための分析手法である、製品ポジショニング分析について紹介します。併せて、事業性分析以外のさまざまな事業機会や事業リスクについても紹介します。

(1) 製品ポジショニング分析

　製品ポジショニング分析とは、自社製品の見直しや新市場への参入を目的として、消費者の心の中における製品(ブランド)間の相対的な位置づけを明確にする手法です。

　心理的な要素である消費者の知覚に焦点があてられるため、消費者満足度調査や広告効果測定などの調査を実施します。

　製品ポジショニング分析では、ポジショニング・マップを使用します。ポジショニング・マップの座標軸には、製品の特徴を最もよく表す尺度が使われ、各事象に製品やブランドをそれぞれプロットしていきます。

　例えば、製品のベネフィットや用途、目的、デザイン、機能、性能、環境、サービス、価格などの尺度のなかから、自社製品の特性や強み、競合製品との比較結果(優位または劣位)の2つを選択し、これらを軸としてポジショニング・マップを作成します。

　ポジショニング・マップのなかで、自社製品を客観的および相対的に位置づけ、消費者の知覚に基づいて、競合関係を明確にします。そこから既存製品では充足されていない消費者のニーズや嗜好の変化を読み取り、今後の新製品開発の方向性を検討します。

| 図 2-10 | ポジショニング・マップ |

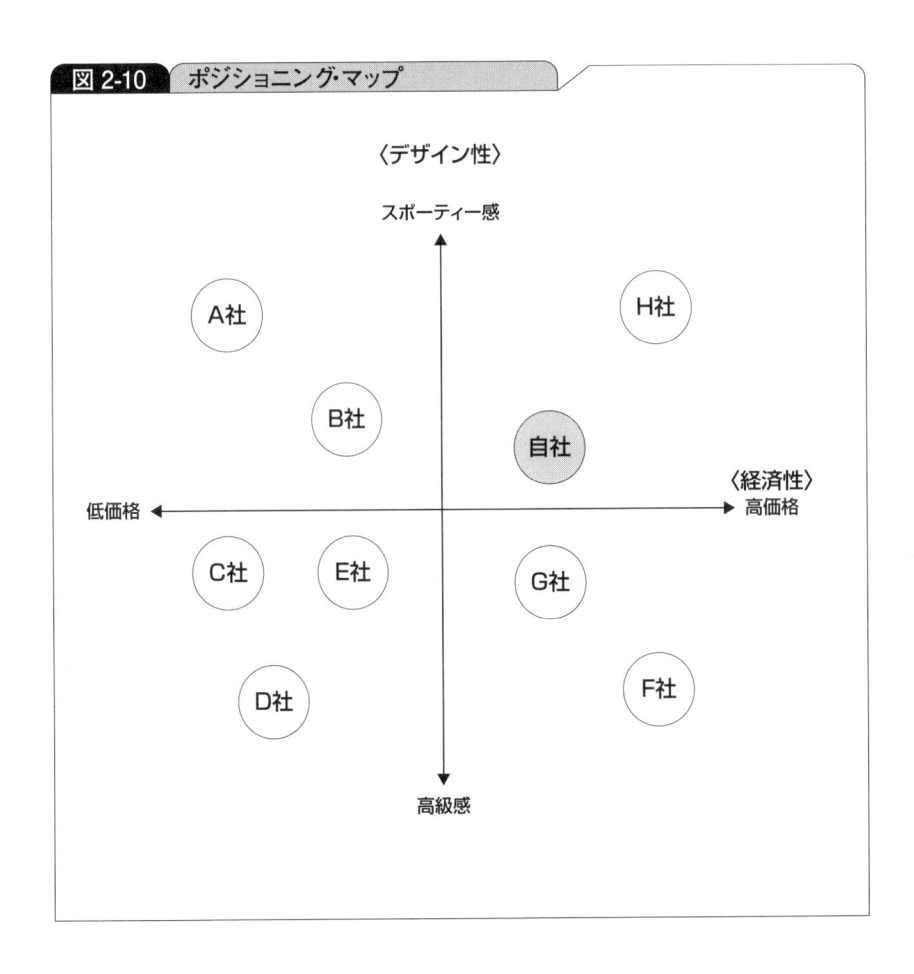

〈デザイン性〉
スポーティー感

A社　　　　　　　　H社
　　B社
　　　　　　　自社　　　　　〈経済性〉
低価格 ←――――――――――→ 高価格
　C社　E社　　　G社
　　　D社　　　F社

高級感

　また、製品やブランドの代わりに、企業イメージをポジショニングし、ＣＩ戦略（Corporate Identity strategy）に活用することもできます。

(2) さまざまな事業機会・事業リスク

　３Ｃ分析では、顧客・コスト・競合他社のそれぞれについて定量的に分析し、事業性の観点から機会やリスクを評価します。しかし、近年では法令遵守（コンプライアンス）を前提として、知的財産権や消費者保

護、地球環境問題、教育文化支援などの観点からも事業機会や事業リスクを適切に評価する必要があります。

①知的財産権

近年、熾烈な技術開発競争が続くなか、特に新製品を開発する際には、知的財産権について留意する必要があります。

「知的財産権」とは、特許権、実用新案権、育成者権、意匠権、著作権、商標権その他の知的財産に関して法令により定められた権利、または法律上保護される利益に係る権利のことです（知的財産基本法第2条第2項）。

自社の知的財産権を保護・行使して正当な利益を享受するとともに、競合他社の知的財産権に対する権利侵害を回避しなければなりません。

また知的財産権に関連する法律として、「不正競争防止法」があります。不正競争防止法は、不正競争の防止および不正競争に係る損害賠償に関する措置等を定めた法律です。新製品の開発・販売については、不正競争防止法にも留意しなければなりません。

②消費者保護

1995年7月に、我が国でも「製造物責任法」（欠陥製品による被害から消費者を救済するための製造物責任法：ＰＬ法）が施行されました。

製造物責任法とは、製品の欠陥によって生命、身体または財産に損害を被ったことを証明した場合に、被害者は製造会社等に対して損害賠償を求めることができるとする法律です。

製造業者、消費者が相互の自己責任を踏まえながら、製品の安全確保に向けていっそうの努力を払い、安全で安心できる消費生活を実現することが同法の目的です。

③地球環境問題

大量生産・大量消費・大量廃棄が自然の循環を阻害し、経済社会活動

図 2-11　さまざまな事業機会・事業リスク

| 知的財産権 | 消費者保護 | 地球環境問題 |

の限界を迎えているという認識から、循環型社会の構築を目的とする「循環型社会形成推進基本法」（2001年1月完全施行）が制定されました。そして、「改正廃棄物処理法」や「資源有効利用促進法」とともに、個別製品に関しては、容器包装・家電・食品・建設・自動車のリサイクル法が制定されています。

　また各地方自治体においても、二酸化炭素排出量を規制する条例づくりが進んでいます。

　一方で、環境に配慮した製品（省電力・省エネルギー）に対する消費者の購買意識が高まっていることから、「環境」は、企業にとっても大きな事業機会となっています。

section 5　プロダクトのマーケティング・リサーチ

受容性評価、テスト・マーケティング

　新製品が市場に本格的に投入される前に、製品が市場で受け入れられるかどうか、受容性評価やテスト・マーケティングを行います。受容性評価やテスト・マーケティングは、市場投入後に新製品が多くの顧客に受け入れられるかどうかを占う重要なリサーチです。

(1) 受容性評価
　受容性評価の対象は、①プロダクト（製品コンセプト）、②デザイン、③ネーミング、④価格の4つです。
　この受容性評価においても、最も重要な評価対象は「製品コンセプト」です。これは実際に開発された製品に対して、消費者の目線から製品コンセプト（ターゲット×ベネフィット）をチェックしてもらいます。
　ベネフィットには、製品特性から見た「直接的・間接的な便益」と消費者から見た「主観的（心理的）・客観的な便益」があります。
　質問票やグループ・インタビューなどから得られた定量的・定性的な結果と、ポジショニング・マップとの整合性から最終評価します。
　デザイン・ネーミング・価格の評価結果は、プロモーション戦略や価格戦略の策定に反映させることができます。

(2) テスト・マーケティング
　テスト・マーケティングの最大の目的は、失敗リスクの回避です。日本全国だけでなく、世界的規模で販売戦略を展開する場合、仮に失敗すればそのリスクは想像を絶する大きさになります。

図 2-12　受容性評価の概念

```
      プロダクト
     （製品コンセプト）
  デザイン    ネーミング
        価格
         ↓
 プロモーション戦略  価格戦略
```

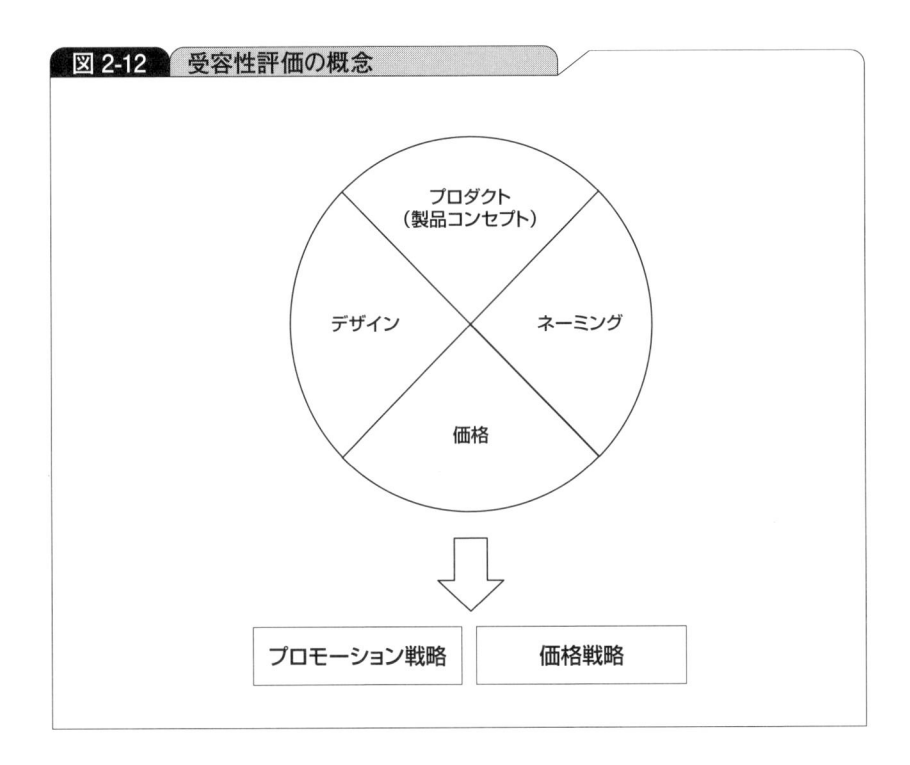

　リスクには、金銭以外に、部品業者や流通業者、金融機関との取引関係、企業イメージの悪化などがあります。

　特に近年では、自動車や電化製品、産業機械を中心に積極的なグローバル展開を進める日本企業が増えているため、輸出先・進出先の消費者や政府機関との良好な関係づくりも重要になってきています。

　またテスト・マーケティングは、リスクを回避するだけではなく、プロモーション戦略や価格戦略の策定にも役立ちます。例えば、低予算で密度が濃い広告活動を行ったり、売行きによっては価格設定や設備投資額を調整することもできます。

(3) 生産財のテスト・マーケティング

　生産財のテスト・マーケティングは通常、2つの段階で設定されます。第一段階がアルファ（α）・テストです。αテストは、社内で行うテストです。第二段階がベータ（β）・テストです。βテストは、社外の顧客を対象に行うテストです。

　βテストの期間中、メーカーの技術者はテスト対象の顧客が製品を使用する様子を観察します。それによって安全面やサービス面、運用面などにおける、予期しなかった問題点を明らかにすることができます。βテストを経て得られたデータは、顧客に対して行うべきサービスや製品の使い方等についてのトレーニング内容を確認・修正し、取扱説明書を制作する際の参考資料として活用できます。

　近年、ソフトウェアの世界では、インターネットを活用してβテストを一般消費者に対しても行う機会が増えてきました。βテストでは、β版ソフトウェア（βテスト段階のソフトウェア）を無料で配布し、開発者が気づかなかったバグ（製品の欠陥）を報告してもらいます。

(4) 消費財のテスト・マーケティング

①開放型テスト・マーケティング

　代表となる都市を少数選び、そこで大規模なマーケティング・ミックスを展開する方法であり、最も一般的なテスト・マーケティングの手法です。

　対象地域は、実際に企業活動を展開する市場と、なるべく状況が似ている地域を選んで実施します。日本全国を母集団とする場合は、人口構成比や所得水準などの人口統計学的環境がよく似た静岡県や広島県が選ばれ、アメリカ全土を母集団とする場合は、テキサス州が選ばれることが多いようです。

②閉鎖型テスト・マーケティング

新製品を置かせてくれるパネル・ストア（テスト実施店）に依頼して、料金を支払ってテストする方法です。懇意にしている小売店があれば、パネル・ストアとなってもらうよう協力を依頼することで、メーカー側の費用負担を軽減することができます。直営店を持っているメーカーの場合、直営店を利用すれば、外部への支払いが発生しません。

　パネル・ストアは無作為に抽出することはできず、自社に好意的な販売チャネルでのテストが中心となるため、テスト結果が甘めに出ることが多く、テスト結果をある程度、割り引いて考える必要があります。

　また、アンケート調査や会議への出席など、パネル・ストアに対して負担を強いることが多くなるため、チャネル戦略上のトラブルに注意しなければなりません。

③シミュレーション型テスト・マーケティング

　一定の資格を満たす数十人の顧客（モニター）を集め、特定の製品カテゴリー（例えば、化粧品やシャンプーなど）に関する広告を見てもらい、実際の購買行動を通じて、ブランド認知度や購買理由をヒアリングする方法です。

　従来製品と新製品に関するテレビ・コマーシャルや印刷媒体の広告をモニターに見てもらったあと、実際に店舗を回って好きな製品を買ってきてもらいます。そのうち、何人が自社の新製品を選択・購買し、何人が競合他社の製品を選択・購買するかをチェックします。

　このテストによって、自社の新製品の広告が、試用購買の刺激にどの程度の効果を持っているかを事前予測することができます。

　シミュレーション型のテスト・マーケティングは、本格的なテスト・マーケティングに比べると、短時間かつ少額の費用で行えるというメリットがあります。

section 6　プロダクトのマーケティング・リサーチ

既存製品育成の
マーケティング・リサーチ

　新製品・サービスを市場に投入したあとは、製品・サービスを育成する段階になります。製品にも人間と同じように寿命があるという考え方から、製品のライフサイクルに応じて、製品の改良や販促活動の修正などが必要になります。そこで、製品ライフサイクル理論（ＰＬＣ：Product Life Cycle）を確認したあと、市場導入後（育成プロセス）のマーケティング・リサーチについて紹介します。

(1) 製品ライフサイクル
①導入期
　企業が製品を市場に導入する段階です。導入期は、市場での製品認知度が低いため売上が伸びません。反面、製品の市場認知度を上げるために多くのコストを必要とするため、利益が伸びないばかりかマイナスになることも少なくありません。製品も完全ではなく改善の余地が多く残されています。
②成長期
　製品の売上が急速に伸びる段階です。市場全体の規模も急成長するため、利益も上昇していきます。市場としての旨みを求めて新しい競争者の参入も増加する時期です。成長期は、市場の急速な拡大に合わせて順調にシェアを伸ばせるように、チャネル戦略が重要になります。
③成熟期
　製品の売上が鈍化する段階です。この段階では市場の拡大化が鈍ってくるので、自社製品の消費者を増やすためには、他社製品の消費者を獲

得する必要があります。そこで自社ブランドの優位性を消費者にアピールするプロモーション戦略が採られます。

④衰退期

製品の売上と利益が急速に減少する段階です。市場の衰退は、消費者

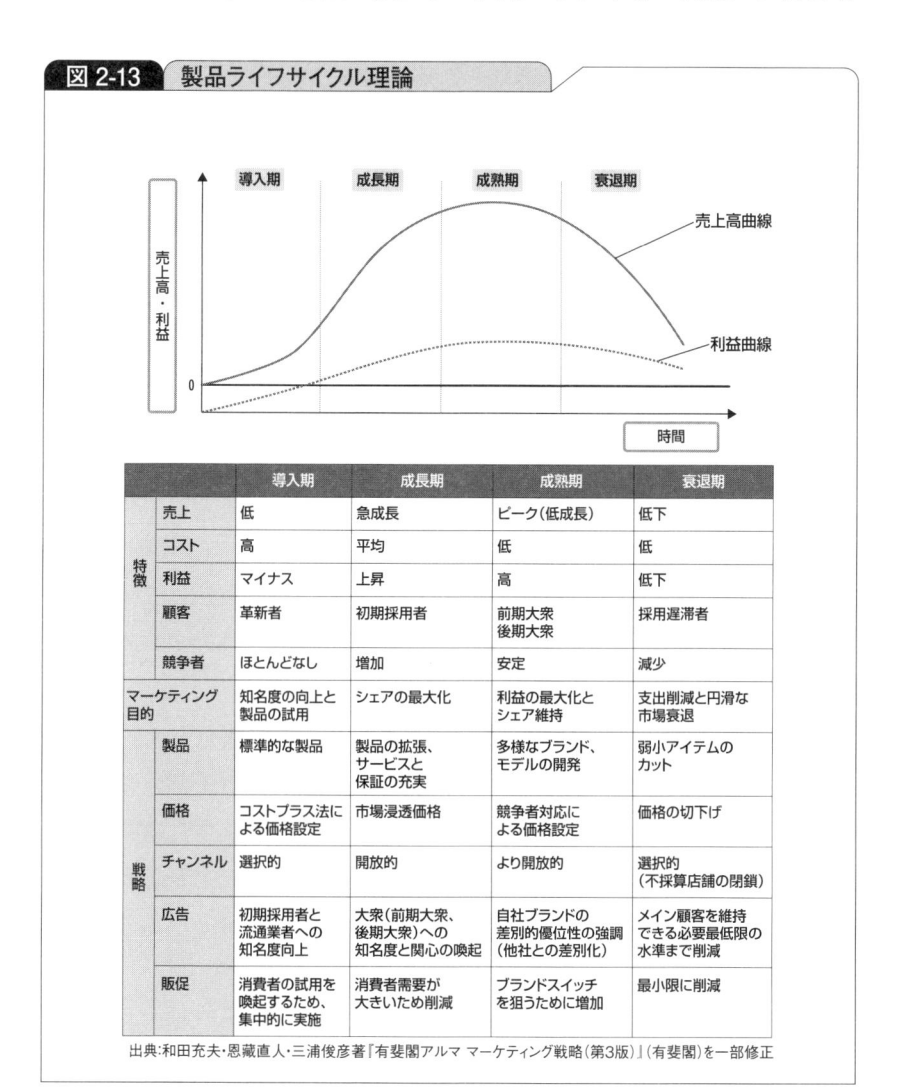

図2-13 製品ライフサイクル理論

		導入期	成長期	成熟期	衰退期
特徴	売上	低	急成長	ピーク(低成長)	低下
	コスト	高	平均	低	低
	利益	マイナス	上昇	高	低下
	顧客	革新者	初期採用者	前期大衆 後期大衆	採用遅滞者
	競争者	ほとんどなし	増加	安定	減少
マーケティング目的		知名度の向上と製品の試用	シェアの最大化	利益の最大化とシェア維持	支出削減と円滑な市場衰退
戦略	製品	標準的な製品	製品の拡張、サービスと保証の充実	多様なブランド、モデルの開発	弱小アイテムのカット
	価格	コストプラス法による価格設定	市場浸透価格	競争者対応による価格設定	価格の切下げ
	チャンネル	選択的	開放的	より開放的	選択的(不採算店舗の閉鎖)
	広告	初期採用者と流通業者への知名度向上	大衆(前期大衆、後期大衆)への知名度と関心の喚起	自社ブランドの差別的優位性の強調(他社との差別化)	メイン顧客を維持できる必要最低限の水準まで削減
	販促	消費者の試用を喚起するため、集中的に実施	消費者需要が大きいため削減	ブランドスイッチを狙うために増加	最小限に削減

出典:和田充夫・恩藏直人・三浦俊彦著『有斐閣アルマ マーケティング戦略(第3版)』(有斐閣)を一部修正

ニーズを満たすことができる新製品（新たな代替製品）の登場や流行の変化、法的な規制などによってもたらされます。衰退期は、製品の革新的なモデルチェンジを行うか、円滑に市場から撤退するための収穫戦略が採られます。

(2) 既存製品の育成プロセスのマーケティング・リサーチ
①認知度調査

市場導入後、広告媒体の種類や宣伝期間、宣伝地域などに基づいて、製品の認知度調査を実施します。ここで重要なのは、ターゲットとする消費者に対して、自社製品の認知度がどの程度、浸透しているかを明確にすることです。

調査方法としては、面接調査、留置調査、電話調査、インターネット調査などが一般的です（PART2 section8参照）。

②初期購入者の追跡調査（購入実態の把握）

自社製品を比較的早い段階で購入した初期購入者に対して、追跡調査を実施します。ここで重要なのは、新製品開発プロセスで明確にした製品コンセプトが、ターゲット消費者に想定どおりに受容されているかどうかを検証することです。また、広告の認知度や製品に対する期待、改善点なども調査します。

初期購入者は、「オピニオン・リーダー」として家族や友人、職場などの小集団のなかで、個人的な接触を通して他の人々に影響力を与える人である場合が多いため、この段階で製品の安全性や利便性に問題があることが発覚した場合には、早急に改善策を実行することが必要です。

調査方法としては、郵送調査が一般的です。

③広告効果測定

テレビ・コマーシャルや雑誌、新聞などの広告、キャンペーン（各種イベント企画）に対する効果を測定します。具体的には、広告の認知率

や接触度、テレビメディアのシェア、キャッチコピーの浸透度などを調査します。またテレビ・コマーシャルに対しては、印象度や特色、タレント評価や好嫌度などについても調査します。

調査方法としては、面接調査、留置調査、電話調査、インターネット調査などが一般的です。

④ブランド評価

ブランドは、自社製品を識別し、他社製品と差別化するための手段として重要です。製品カテゴリーを提示するだけで特定ブランドが想起されたり、ブランド名と連動して消費者に何らかの知識やイメージ、感情がもたらされたりすれば、自社ブランドの優位性がアピールできていることになります。ブランド評価は調査結果をポジショニング・マップで表現して、比較します。

調査方法としては、面接調査、留置調査、電話調査、インターネット調査などが一般的です。

ブランドのマーケティング・リサーチは、PART2 section9で詳しく説明します。

図 2-14　既存製品の育成プロセス

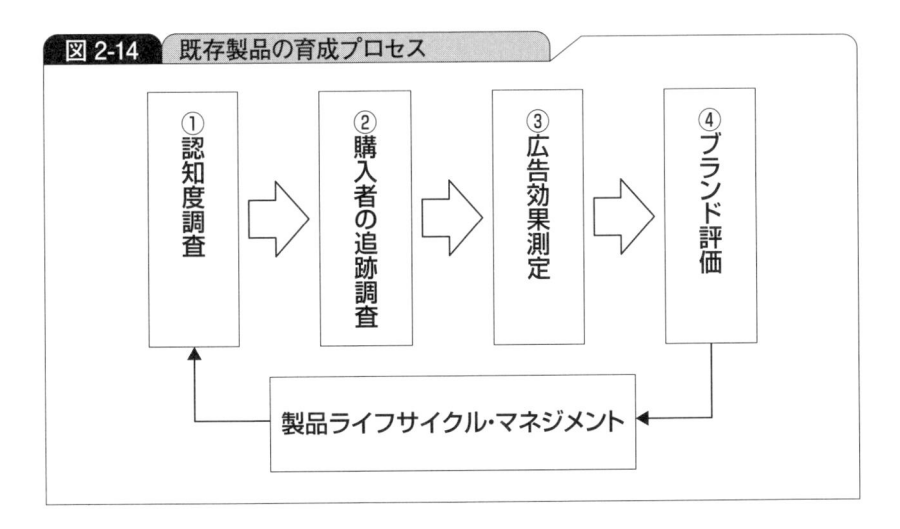

①認知度調査 → ②購入者の追跡調査 → ③広告効果測定 → ④ブランド評価

製品ライフサイクル・マネジメント

section 7　プロダクトのマーケティング・リサーチ

生産財のマーケティング・リサーチ

　生産財と消費財では、マーケティング・リサーチの目的や手法が大きく異なります。このsectionでは、生産財メーカーをイメージして、生産財についてのマーケティング・リサーチの取り組みを紹介します。

(1) 業界情報のリサーチ

　生産財を購入する主体は、企業などの法人や官公庁などの公共機関であるため、業界や企業に応じたニーズを個別に把握する必要があります。

①市場統計データ（2次情報）

　官公庁や業界団体、マーケティング・リサーチ会社などから市場統計データを無償または有償で収集します。市場統計データは「結果」のデータなので、日常業務で得られた疑問点や仮説を数字で裏づけるための「検証」に利用すると良いでしょう。

②パートナー制度

　販売代理店や部品供給業者を集めて、パートナー制度を設けている場合には、パートナー企業の声を収集することが大切です。販売代理店からは川下（エンドユーザー）の評価や要望を、部品供給業者からは川上（部品メーカー）の技術情報や業界動向を集めます。

③イベント（研究会・セミナー・異業種交流会・展示会）

　自社が得意とする技術分野や今後参入する市場分野に関して、日頃の研究開発活動の成果発表や大学の研究者・専門家を招いて講演会を行うなどのイベントを実施します。イベント参加者は今後のビジネス展開において貴重な人脈となりうる可能性があるので、情報交流を活発化させ

ることが大切です。

　また中小企業・ベンチャー企業を支援する国の施策も数多くあり、特に近年では、海外進出を支援する事業も増えています。2011年度の支援事業のうち、主なものを紹介します。

・戦略的基盤技術高度化支援事業

　重要産業分野の競争力を支える「特定ものづくり基盤技術」（鋳造、鍛造、切削加工、めっき加工、組込みソフトウェア等の20技術）の高度化に向けて、中小企業・ユーザー企業・研究機関等からなる共同研究体によって、川下産業のニーズを的確に反映した研究開発から試作までの取り組みを支援します。

・販路開拓コーディネート事業

　優れた新商品・新サービスを持つ企業のマーケティング企画からテスト・マーケティング活動までを支援する事業です。具体的には、想定市場の企業に販路開拓コーディネーターが同行訪問し、市場の受容性を把握したあと、市場投入までの道筋を組み立てるための支援を行います。

・中小企業総合展

　中小企業が自ら開発した新製品・サービス・技術等を一堂に会して展示することにより、販路開拓・市場創出・業務提携といったビジネスマッチングを促進することを目的とした展示会です。出展による展示やプレゼンテーションによる紹介のほかに、来場者との商談コーナーなどもあります。

・輸出支援事業

　海外販路開拓や外国企業との業務提携・取引を検討している中小企業に対して、さまざまな支援策があります。例えば、海外展示会への出展を支援したり、海外のバイヤーを国内に招聘した商談会の開催や、海外市場に合わせた商品の開発・改良に関する情報・アドバイスの提供などです。こうした支援策を自社製品の海外販路開拓の可能性を探るための

プレマーケティング活動に活かすことができます。

(2) 標的企業の分析

　業界動向を踏まえたうえで、標的企業の強みと弱みを分析します。

　取引実績のある企業であれば、顧客満足度調査やキーパーソンへの面会を通じて、必要な情報を収集することができます。

　取引実績のない企業の場合、ホームページや与信情報などで公開されている決算情報や証券会社によるレポート、信用調査会社による個別調査、特許公報、これまで蓄積してきた人脈などを活用して、少しでも多くの情報収集に努めます。

　ここで重要なのは、自社が提供する製品・サービスが、標的企業の「弱みを克服できる」、あるいは「強みを補完できる」要素があるかどうかを正しく見きわめることです。

(3) 特許公報の分析

　生産財マーケティング・リサーチの場合、標的企業も製造業（メーカー）であることが多いので、標的企業が特許権や意匠権などの知的財産権を保有している場合には、公開されている知的財産権の情報を活用することができます。

　特に特許法は、発明者に対して一定期間、一定の条件のもとに特許権という排他的・独占的な権利を与えて発明の保護を図っているので、特許に関する情報を評価することで、発明者の強みを分析することができます。

　特許公報は、特許庁内の公報閲覧室で閲覧できるほか、インターネット上でも無料で閲覧することができます。

　特許公報には、出願人の情報や技術（発明）の内容、利用分野、従来の技術、課題、手段、発明の効果などが掲載されています。これらの情

報を分析することで、従来の技術と当該発明の違いが明瞭になり、発明者の技術水準はもちろん、複数の特許発明や出願があれば、今後の技術的な方向性を推し量ることができます。

特許公報の分析には、知的財産権や技術に関する一定の知識やノウハウが必要です。そのため自社内の技術者や知財担当者、外部の特許事務所や弁理士に協力を依頼することで、具体的かつ緻密なマーケティング・リサーチにつなげることができます。

【特許公報の閲覧先】

特許電子図書館（IPDL：Industrial Property Digital Library）

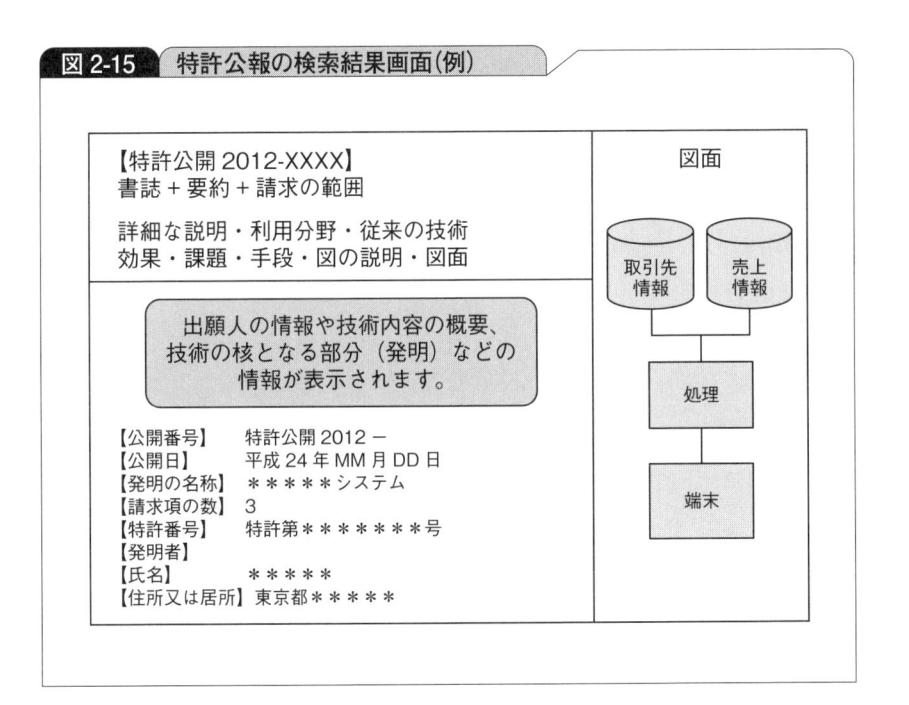

図2-15　特許公報の検索結果画面(例)

【特許公開 2012-XXXX】
書誌＋要約＋請求の範囲

詳細な説明・利用分野・従来の技術
効果・課題・手段・図の説明・図面

出願人の情報や技術内容の概要、技術の核となる部分（発明）などの情報が表示されます。

【公開番号】　　特許公開 2012 −
【公開日】　　　平成 24 年 MM 月 DD 日
【発明の名称】　＊＊＊＊＊システム
【請求項の数】　3
【特許番号】　　特許第＊＊＊＊＊＊＊号
【発明者】
【氏名】　　　　＊＊＊＊＊
【住所又は居所】東京都＊＊＊＊＊

図面

取引先情報　売上情報

処理

端末

section 8　プロダクトのマーケティング・リサーチ

消費財のマーケティング・リサーチ

　生産財に対して消費財のマーケティング・リサーチの目的や手法には、どのような特徴があるでしょうか。消費財メーカーをイメージして、ポイントを紹介します。

(1) 定量調査
　すでに提示されている仮説を検証したり、何らかの実態を把握したりする目的で、収集された数値データ（人数や比率など）を統計的な手法を用いて分析することです。
①面接調査法
　調査者が被調査者と面接し、直接質問して回答してもらう方法です。回収率が高く、曖昧な回答には再質問することが可能であるため、詳細なデータが得られる反面、訪問が主体であることからコストと時間がかかります。
②留置調査法
　まず調査者が質問票を直接あるいは郵送によって、あらかじめ被調査者に渡しておきます。このときに質問内容について説明し、期限を定めて回答を依頼しておき、後日、調査者が訪問して回収する方法です。
　シャンプーや食料品など家庭で使用される商品を実際に試用する「ホームユーステスト」も含まれます。調査目的や規模に応じて、社外の消費者だけではなく、社員の家族をモニターとする場合もあります。
　回収率が高く時間的余裕があるため、質問項目が多い場合に適していますが、コストと時間がかかるうえ、他人の意見が入る場合があります。

③郵送調査法

質問票を郵送し、回答を記入後に郵送してもらう方法です。比較的コストが抑えられ、広範な地域に被調査者が分散している場合に有効です。しかし、回収率が低く、本人が記入したかどうかわかりません。

④電話調査法

電話を使って質問し、回答してもらう方法です。短時間に調査できるため、コストが少なくすむ反面、簡単な質問しかできず、被調査者が不在のときには調査できません。

⑤インターネット調査法

近年、急速に普及したインターネットを媒介した調査方法です。低コストであることや調査期間の短縮化に加えて、登録モニター数の多さなどの利点がある反面、代表性（母集団との整合性）に伴うモニターの募集方法や機密保持などに課題があります。

そのため、主に認知度調査や広告効果測定、ブランド評価などには有効であり、対象者のリクルートや本調査前の予備調査として利用される場合もあります。

図 2-16　定量調査の種類

	面接調査	電話調査	郵送調査	留置調査	インターネット調査
データの量	多い	少ない	中	多い	中
複雑な質問	可能	難しい	一部可能	一部可能	一部可能
視覚的な用具の利用	可能	不可能	一部可能	一部可能	一部可能
回答率	高い	中	低い	中	中
データの回収時間	短い	短い	長い	長い	短い
回答におけるバイアス	高い	中	低い	低い	低い
コスト	非常に高い	中	非常に低い	高い	非常に低い

出典:和田充夫・恩藏直人・三浦俊彦著『有斐閣アルマ マーケティング戦略(第3版)』(有斐閣)を一部修正

(2) 定性調査

消費者の購買行動やブランド選択に関する心理、価値観を理解する目的で実施される分析です。

収集されるデータは、数値データではなく、回答者の意見や行動といった言語的データや視覚的データです。

5～10人程度の集団で実施する「グループ・インタビュー」形式と、司会者と調査対象者が1対1で実施する「デプス・インタビュー」形式があります。

司会者（インタビュアー）の熟練度や能力が、インタビューの成否を左右する点に注意が必要です。

① グループ・インタビュー

5～10人程度の調査対象者を会場に集合させ、司会者の進行のもとに行うインタビューです。座談会形式で行うため、消費者の生の声を聞くことができ、新製品の開発や既存製品の改良などの際に、消費者のニーズや不満を把握することができます。

複数人に対して同時にインタビューすることにより、相互啓発による議論の活性化が期待できます。アンケート調査ではわからない心理や価値観を引き出すこともできます。

グループ・インタビューの司会者には、3つの能力が不可欠です。この3つは、デプス・インタビューでも共通です。

・リクルート能力
　調査対象者を集めることができる能力
・モデレーション能力
　スムーズに司会進行を行い、調査目的に合った回答を引き出す能力
・分析能力
　発言の裏にある背景や消費者の価値観を読み取る能力

②デプス・インタビュー

　司会者と調査対象者が1対1で対面する調査方法です。1人の調査対象者に対して多くの時間を割けるため、より深い心理状況や価値観に関する情報を得ることができます。また、グループ・インタビューのように他の調査対象者の意見に影響を受けることがありません。

デプス・インタビュー　チェックリスト
□相手の立場に配慮しながら進める
□事前に聞く内容を自分の頭の中で整理し、質問項目を準備する
□相手の話を真剣に聞き、極力、否定しない

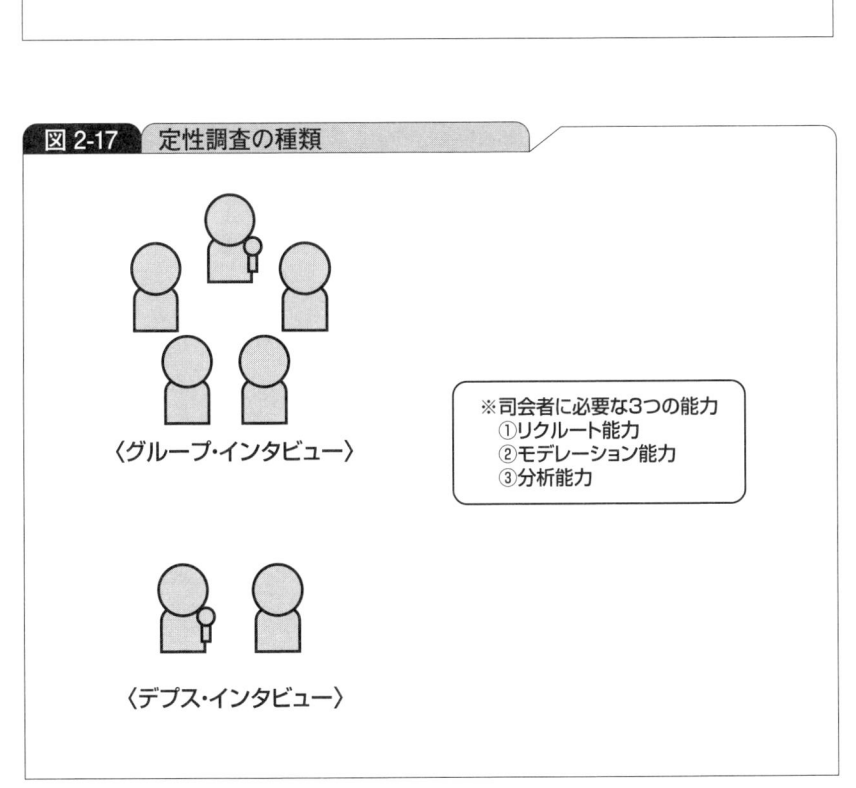

図 2-17　定性調査の種類

〈グループ・インタビュー〉

〈デプス・インタビュー〉

※司会者に必要な3つの能力
①リクルート能力
②モデレーション能力
③分析能力

section 9 プロダクトのマーケティング・リサーチ

ブランドのマーケティング・リサーチ

　現在、企業では、競合他社との差別化のためにブランド力を高める活動が盛んに行われています。

　ブランドを有効に活用するために、まずは自社のブランドにどれだけの価値があるかをリサーチしましょう。このsectionでは、ブランド価値の考え方や測定方法について紹介します。

(1) ブランドとは

　AMA（アメリカ・マーケティング協会）の定義によると、ブランド（商標）とは、「特定の販売業者ないし販売グループの商品およびサービスを識別し、また競合他社のそれらから区別させることを意図して設定される名称、記号、シンボル、デザインあるいはその組み合わせ」とされています。

(2) ブランド価値とは

　ブランド価値とは、製品そのものの品質や機能を超えた付加価値のことです。これは信頼感・安心感、使用時の満足感などの「顧客に対する価値」と、マーケティング活動の効率性・有効性、ロイヤルティ、価格プレミアム、流通への影響力、競争優位などの「企業に対する価値」の2つに分けて捉えることができます。

(3) ブランド価値を表す指標

　ブランド価値を表す指標は、財務的な価値とマーケティング価値に分

けて考えることができます。

　財務的な価値は、ブランドエクイティといい、M＆Aのように企業と企業の間でブランドそのものが売買されるときなどに、企業の全体価値を表すひとつの指標として使われます。

　マーケティング価値とは、ブランドシェアやブランドロイヤルティのことです。ブランドシェアは、
①そのブランドがどこまで知られているか（認知率）
②どれくらいの人に買われたか（購入率）
③どれくらいの人が繰り返し買ったか（リピート率）
という3つの要素に分解できます。

　ブランドロイヤルティは、競合他社に対して優位な差別性を持っていることを表すブランドイメージと、次に買いたいと思う意向を表す購入意向率によって定義されます。

　マーケティング・リサーチでは、主に上記に挙げたマーケティング価値がテーマとなります。

(4) ブランド価値の測定
①測定対象

　ブランド価値の測定とは、ブランドエクイティがどのように構築され、現在の価値につながっているのかを解明することです。ブランド価値の測定の対象を分類すると、3つのレベルに層分けできます。
・個別ブランド…個々の製品についているブランド
・ブランド・ポートフォリオ…企業のブランドの組み合わせ
・コーポレートブランド…集合体としての企業全体のブランド

②測定方法

　ブランド価値の測定は、質的測定と量的測定の2つに分けることができます。

a．質的測定
- 自由連想法…消費者にブランドについて尋ね、連想するものを自由に回答させる調査方法です。自社のイメージを詳細に捉えることができますが、ブランド・マネジメントの課題まで把握することは難しいという欠点があります。
- 投影法…消費者が直接表現できないような潜在意識を探るための調査方法をいいます。描画法、文章完成法、バルーン法、連想法、コラージュ法などがあります。
- ザルトマン・メタファー法…消費者にブランドのイメージを示す絵や写真を選ばせることにより、消費者の意識下にあるブランドの意味やつながりを分析する調査方法です。

b．量的測定

ブランドを会計的に評価する方法には、コストアプローチ、マーケットアプローチ、インカムアプローチの3つの手法があります。
- コストアプローチ…ブランドを取得するのに必要な原価を価値と見なします。この価値を計算するのには、累積支出額で計算する方法と、取替原価で計算する方法の2つがあります。
- マーケットアプローチ…市場の実勢価格に基づいてブランドを評価する方法です。実際の取引価格に基づいているため、3つの手法の中では最も理想的なアプローチ方法ですが、実勢価格のデータの入手が難しいという欠点があります。
- インカムアプローチ…キャッシュ・フロー・アプローチともいい、ブランドがもたらす将来のキャッシュ・フローや収益に基づいて評価する方法です。理論的な手法ですが、客観性には難があります。

(5) ブランドロイヤルティとは

ブランドロイヤルティとは、ある製品カテゴリー内の特定ブランドに

図 2-18　ブランド価値の測定

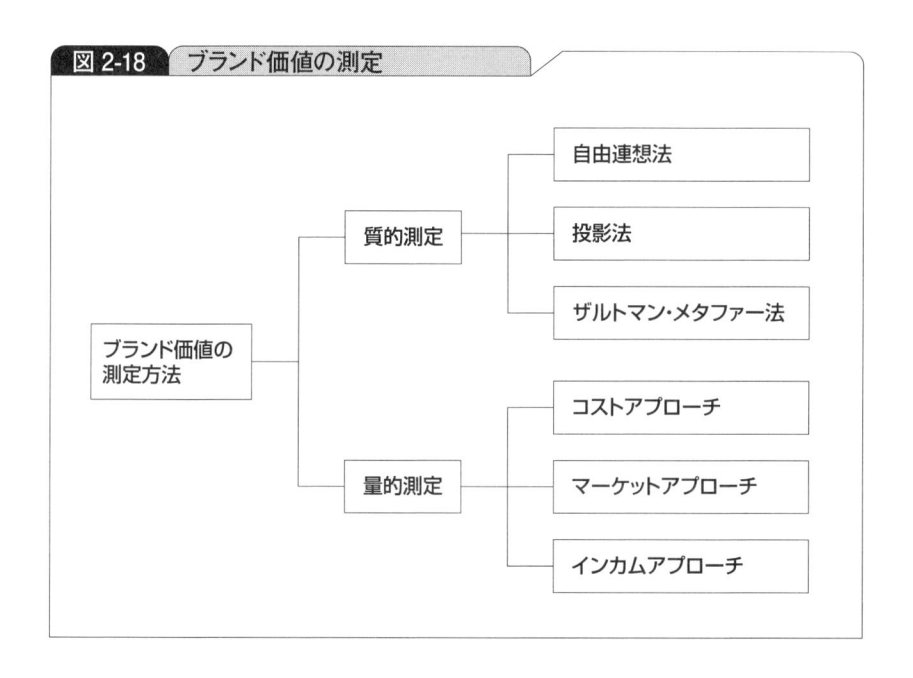

```
                        ┌─ 自由連想法
              ┌─ 質的測定 ─┼─ 投影法
              │          └─ ザルトマン・メタファー法
ブランド価値の ─┤
  測定方法    │          ┌─ コストアプローチ
              └─ 量的測定 ─┼─ マーケットアプローチ
                        └─ インカムアプローチ
```

対する消費者の忠誠心のことで、一貫して購買する程度を指します。機能・性能に決定的な差はないと認識しているのに、ある特定のブランドへの好意度、購入意向が高い心理状態ともいえるでしょう。

(6) ブランドロイヤルティの測定方法

ブランドロイヤルティを測定する方法は、一般消費財と耐久消費財では異なります。

一般消費財では、リピート購買率のように行動記録という事実から定義するロイヤルティ指標と、購入意向率のように心理的な要素から定義するロイヤルティ指標があります。

耐久消費財では、リピート購買率や購入意向率を測ることは困難であるため、ブランドイメージがロイヤルティ指標として重要になってきます。これは想起ブランドや想起順位、好感度などから算出します。純粋

想起で常に第一番目に想起されるブランドは、ロイヤルティが高いと考えられます。

　また、ブランドロイヤルティの測定の際には、自我関与を考慮する必要があります。自我関与とは、マーケティング・リサーチで趣味・嗜好性を把握する指標として、ブランド認知の数値を読み込むときの条件として使われるもので、その商品ジャンルやブランドへの興味・関心度合のことを表します。

　例えば、毎日自社の製品を購入している消費者が2人いて、1人はブランドの選択理由がはっきりしていて、もう1人はブランドへの興味・関心がほとんどなかったとします。この場合、前者は自我関与が高いロイヤルユーザーといえますが、後者は自我関与が低く、厳密にはロイヤルユーザーとはいえません。

　このため、定量調査ではブランドへの関心度合を尋ね、自我関与の高低を調べておく必要があります。

(7) ブランドイメージとは

　企業にとっては、イメージよりも消費者に実際に選択され、購入してもらうことが重要です。ただ、選択し続けてもらうためには、良いブランドイメージを保つ必要があります。

　ブランドイメージとは、あるブランドについて考えたときに消費者の頭に浮かぶ連想の集まりのことで、当該ブランドが実際にどのように知覚されているかということです。これによってブランドとしての特性を消費者にアピールできることになります。

　しかし、企業側が意図するブランドイメージが、消費者に正しく認識されているとは限りません。そこでマーケティング・リサーチでは、ブランドイメージの把握とイメージの構成要素を明らかにすることを目的とします。

図 2-19　SDチャート(例)

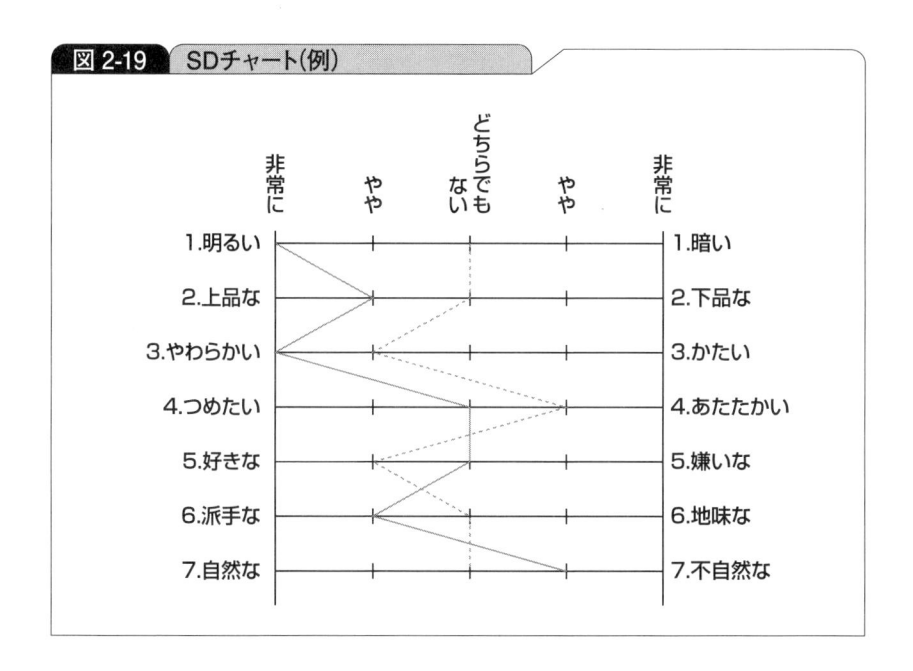

	非常に	やや	どちらでもない	やや	非常に	
1.明るい						1.暗い
2.上品な						2.下品な
3.やわらかい						3.かたい
4.つめたい						4.あたたかい
5.好きな						5.嫌いな
6.派手な						6.地味な
7.自然な						7.不自然な

(8) ブランドイメージの測定方法

　ブランドイメージの測定には、ＳＤ法という手法が一般的に用いられています。ＳＤ法は、意味微分法とも呼ばれ、相対する意味の言葉を用意し、その間を何段階かに分けて測定するものです。

　ブランドイメージを表現できる、相対する意味の言葉を10項目程度用意し、実査にかけ、集計して図表にするとＳＤチャートになります。この図表から、自社の商品・サービスがどのようなイメージを持たれているのかが一目でわかるようになります。

　分析結果は、ブランドの製品改良や広告改良、デザイン変更の参考になります。

section 1　サービスのマーケティング・リサーチの概要
section 2　顧客満足度調査
section 3　従業員満足度調査
section 4　ミステリー・ショッピング・リサーチ

PART 3
サービスの
マーケティング・リサーチ

サービスには形がないからこそ
品質を高めるために
マーケティング・リサーチが重要になる。
サービスのマーケティング・リサーチの
代表的な手法を理解する

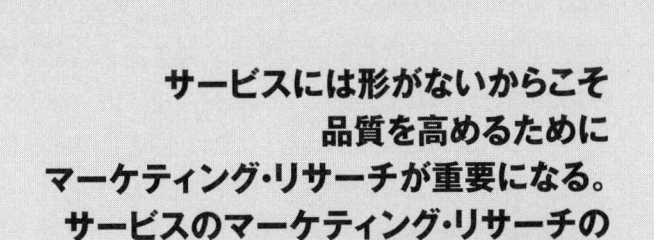

section 1　サービスのマーケティング・リサーチ

サービスの
マーケティング・リサーチの概要

　サービス業におけるマーケティングを考える場合、これまで見てきた有形財である製品と大きく異なる点があります。

　PART3ではその特性を踏まえたうえで、サービスのマーケティング・リサーチについて紹介します。

(1) サービスとは

　サービスとは、行為、プロセス、役務といわれています。

　サービスを提供している民間企業には銀行、証券会社、保険会社、百貨店、スーパーマーケット、ホームセンター、コンビニエンスストア、ファストフード店、ファミリー・レストラン、航空会社、鉄道会社、ガソリンスタンド、宅配便サービス、携帯電話サービス、ホテル、スパ、美容院、テーマパーク、映画会社、競技場、旅行代理店、放送局、新聞社、広告代理店、調査会社、セキュリティ会社、病院、大学・短大・専門学校、自動車学校などがあって、その業態は多岐にわたっています。

(2) サービスの特徴

　サービスには、有形財と異なり、以下のような特徴があります。

①無形性（非物質性）

　サービスは形を持っていないため、顧客は購入前に見たり、触ったりすることができません。

②非貯蔵性（消滅性）

　サービスは貯蔵・保存したり、在庫を持つことができません。

③生産・消費の不可分性（同時性・非分離性）
　サービスの生産と消費には不可分性（同時性・非分離性）があります。サービス提供者と消費者が、サービスの引き渡しの場に同時にいなければ成立しません。
④取引の不可逆性
　提供されたサービスは元に戻したり、返品することができません。
⑤需要の時期的集中性
　レジャー施設に見られるように、時期によって需要の繁閑差が大きいことが多くあります。
⑥異質性
　サービスは人的な活動が中心となって提供されるため、サービスする人が異なり、品質を標準化することが困難です。
⑦労働集約性
　サービスは提供する主体が人間であることが多いため、機械設備を使って大量生産し、規模のメリットを享受することが困難です。

(3) サービス・トライアングル

　サービス業では、有形財の製品マーケティングと異なり、「企業」「顧客」に加えて、「従業員（接客要員）」の3者が介在します。これらの3者間に対応して、次のようなマーケティング活動のフェイズが存在します。
①エクスターナル・マーケティング
　「企業」から「顧客」に対して行われるマーケティング活動のことで、有形財における4P（製品、チャネル、価格、プロモーション）がこれに該当します。
②インターナル・マーケティング
　「企業」から「従業員（接客要員）」に対して行われるマーケティング

活動です。従業員を顧客と見なしたマーケティング活動と見ることもできます。

③インタラクティブ・マーケティング

「従業員（接客要員）」から「顧客」に対して行われるマーケティング活動のことです。

これらの３者を頂点とした三角形によって、サービス取引の関係性を表現したものをサービス・トライアングルといいます。

特に顧客は、接客要員を通じてサービスを提供され、提供されたサービスの品質を評価し、満足度を判断するので、インタラクティブ・マーケティングが企業の収益に直接影響します。

そして企業から接客要員に顧客志向の活動を促すために行うインターナル・マーケティングが、インタラクティブ・マーケティングに深く関係します。

さらに、企業が行うサービスの価格設定や広告・販促などのエクスターナル・マーケティングによってもたらされる顧客の期待度も、インタラクティブ・マーケティングに関係してきます。

つまり、サービス業において顧客満足度を効果的に高めるためには、以上の３つのマーケティング活動が互いに不可分となります。

(4) サービスのマーケティング・リサーチ

サービスを提供する企業は、３つのマーケティング活動を効果的に展開する必要があります。そのための方策として、リサーチを行い、結果をマーケティングの意思決定に活かすことが挙げられます。

次項から、エクスターナル・マーケティングに活用しやすい顧客満足度調査、インターナル・マーケティングに活用しやすい従業員満足度調査、インタラクティブ・マーケティングに活用しやすいミステリー・ショッピング・リサーチを紹介します。

| 図 3-01 | サービスの一般的特質 |

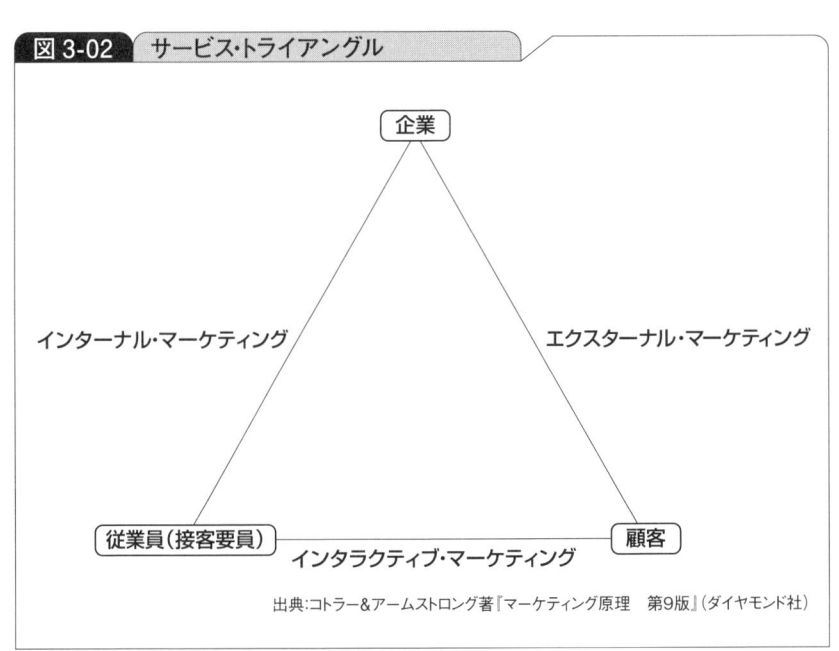

時間　　　　人間

- 非貯蔵性
- 不可分性
- 不可逆性
- 時期的集中性

無形性

- 異質性
- 労働集約性

| 図 3-02 | サービス・トライアングル |

企業

インターナル・マーケティング　　　エクスターナル・マーケティング

従業員(接客要員)　インタラクティブ・マーケティング　顧客

出典:コトラー&アームストロング著『マーケティング原理　第9版』(ダイヤモンド社)

section 2　サービスのマーケティング・リサーチ

顧客満足度調査

　企業から顧客に対して行われるマーケティング活動である、エクスターナル・マーケティングを評価するための代表的な調査として、顧客満足度調査が挙げられます。

(1) 顧客満足度調査の目的
　サービス業では、接客要員を通じて顧客にサービスを提供しますが、顧客満足度調査は、接客要員にフォーカスしたものではなく、企業としてのサービスについて、特に4P（製品、チャネル、価格、プロモーション）に対する評価をするものです。

　調査の主たる目的は、競合他社と比較して、自社のサービスに対する顧客の評価や満足度、不満点を把握して、現在のサービスの満足レベルを把握するとともに、今後の改善すべき点は何であるのかを明らかにすることです。

　サービスには無形性、非貯蔵性といった特徴があるため、顧客が提供されたサービスに対してどのような評価を下したかが、価格設定などの際の大きな基準となります。また、顧客満足度が高くなれば、一般的に再購買率が高まり、企業の収益の安定化につながります。

　満足度の高い顧客は、自社のサービスやブランドの好ましい評判を口コミで伝える役割も担ってくれます。

(2) 顧客満足度調査の内容
　顧客満足度調査には、顧客がサービスを利用した後の満足度を調べる

「利用満足度調査」と、顧客のクレームや問い合わせに対する企業の対応に関する満足度を調査する「企業対応満足度調査」の2種類があります。通常、行われる顧客満足度調査は「利用満足度調査」が多く、店舗内にアンケート用紙を設置する自記式の調査が一般的です。

以下で、「利用満足度調査」の一般的な進め方について説明します。

(3) 利用満足度調査の進め方
①調査対象の決定

まず調査の対象を決めます。サービスの利用者全体を対象とした全数調査をすることが理想ですが、全顧客リストからサンプルを無作為抽出して調査を行い、顧客全体の傾向を把握する方法が現実的です。

②調査方法の決定

調査手法は、質問のボリュームや目標回収件数に応じて、郵送調査法、電話調査法、FAX調査法、インターネット調査法などを使い分けます。

③調査項目と質問内容の決定

調査項目と質問内容は最も重要な要素であるため、よく検討する必要があります。事前に何人かの顧客に直接取材をして生の声を聞いてみたり、クレームや問い合わせをヒントにするのも効果的です。

サービス産業生産性協議会が2011年3月に発表した日本の主なサービス業32業界・392社の顧客満足度調査「JCSI」（日本版顧客満足度指数：Japanese Customer Satisfaction Index）では、次の6つの調査項目を指数化してランクづけをしています。

a. 顧客期待：サービスを利用する際に、利用者が事前に持っている印象や期待・予想を示します。
b. 知覚品質：実際にサービスを利用した際に感じる、品質への評価を示します。
c. 知覚価値：受けたサービスの品質と価格とを対比して、利用者が感じ

る納得感、コストパフォーマンスを示します。
d.顧客満足：利用して感じた満足の度合を示します。
e.口コミ：利用したサービスの内容について、肯定的に人に伝えるかどうかを示します。
f.ロイヤルティ：今後もそのサービスを使い続けたいか、もっと頻繁に使いたいかなどの利用意向を示します。

　各項目を調べるための質問内容は、業種、業態に応じて決定します。
④調査票の作成
　調査項目と質問内容が固まったら、それを調査票に落とし込みます。
　顧客満足度調査によく用いられる調査票の仕様としては、各質問について、「非常に満足」「やや満足」「どちらとも言えない」「やや不満」「非常に不満」の5段階の選択式があります。
　この仕様の場合、平均点を比較することで、顧客の意識を把握します。
　結果が数値として表れるため、比較しやすいというメリットがあります。ただし、この仕様では、「非常に満足」から「非常に不満」までの間隔が等しいことを前提としています。
　「非常に満足」と「やや満足」の間と、「非常に不満」と「やや不満」の間では、前者のほうが心理的距離が大きいかもしれませんが、集計する際には、この点は反映されません。

図3-03　美容院の調査項目、質問項目(例)

項目	質問
顧客期待	□当美容室のサービスを利用する前に、どの程度期待していましたか。 (5非常に期待していた　4やや期待していた　3普通　2あまり期待していなかった　1まったく期待していなかった)
知覚品質	□当美容室を利用してみて、「サービスの質」はいかがでしたか。 (5非常に良い　4やや良い　3普通　2やや悪い　1非常に悪い)
知覚価値	□当美容室に支払った金額に対して、「サービスの質」はどうでしたか。 (5非常に高い　4やや高い　3普通　2やや低い　1非常に低い)
顧客満足	□当店の商品・サービスに、どの程度満足しましたか。 (5非常に満足　4やや満足　3普通　2やや不満　1非常に不満)
口コミ	□当店のサービスを、周囲の方にどのように話しますか。 (5非常に良い体験として話す　4やや良い体験として話す　3普通　2やや嫌な体験として話す　1非常に嫌な体験として話す)
ロイヤルティ	□今後も当店を利用し続けたいと思いますか。 (5非常にそう思う　4ややそう思う　3普通　2あまりそう思わない　1まったくそう思わない)

サービス・プロセスの顧客満足度調査	非常に満足	やや満足	普通	やや不満	非常に不満
受付の対応	5	4	3	2	1
サービス時の対応	5	4	3	2	1
シャンプー	5	4	3	2	1
カット	5	4	3	2	1
パーマ	5	4	3	2	1
カラーリング	5	4	3	2	1
ドライヤー	5	4	3	2	1
マッサージ	5	4	3	2	1
会計時の対応	5	4	3	2	1
見送り時の対応	5	4	3	2	1

section 3　サービスのマーケティング・リサーチ

従業員満足度調査

　サービス業にとって、顧客と直接対面・対話する接客要員の質が顧客満足に大きく影響します。そのため、従業員（接客要員）を組織の内部にいる顧客と捉え、そのニーズを踏まえた仕事を提供するインターナル・マーケティングを行う必要があります。

　このsectionでは、従業員（接客要員）のニーズを探るための調査手法として従業員満足度調査を紹介します。

(1) 従業員満足度調査の目的

　従業員満足度調査は、従業員（接客要員）の実態を把握し、改善ポイントを抽出するために行われます。調査結果をもとに、従業員教育や接客技能研修などのインターナル・マーケティングを行うことで、効果的に従業員（接客要員）の意欲を高めることができます。

　従業員（接客要員）の意欲が高まることが、顧客に提供するサービスの質を高め、インタラクティブ・マーケティングを成功させることにつながります。

(2) 調査の手順

①調査対象の決定

　従業員満足度調査では、すべての従業員を対象にすることが望ましいと考えられます。

②調査方法の決定

　アンケート用紙の直接配布・回収や、社内メールでの配布・回収が一

般的です。

③調査項目・質問内容の決定

　従業員満足度調査では、次のような調査項目が挙げられます。

a. 企業理念・ビジョン、経営姿勢への共感・信頼
b. 企業風土・職場環境・人間関係
c. 仕事内容の満足・不満足度
d. 組織体制・人事制度
e. 賃金・給与

　これらの調査項目をもとに、質問内容を組み立てます。質問内容は、階層や職務内容に応じて変更し、各従業員にマッチさせることがポイントです。

④調査票の作成

図 3-04　従業員満足度調査の質問項目(例)

企業理念・ビジョン、経営姿勢への共感・信頼
□当社の企業理念・ビジョンについて知っているか？
□当社の企業理念・ビジョンについて共感しているか？
□当社の経営姿勢について共感しているか？

企業風土・職場環境・人間関係
□職場の上司とはコミュニケーションをとれているか？
□職場の同僚とはコミュニケーションをとれているか？
□職場の後輩とはコミュニケーションをとれているか？

仕事内容の満足・不満足
□現在の業務を、楽しいと感じているか？
□現在の業務量は、適切か？
□現在の業務は、自分に向いていると思うか？

組織体制・人事制度
□他部署とのコミュニケーションはとれているか？
□昇進試験に対して、積極的に取り組んでいるか？
□自分の評価は、適正だと思うか？

賃金・給与
□現在の業務の質・量に対して、給料は高いか？
□競合企業の従業員と比較して、自分の給与は高いと思うか？
□競合企業の従業員と比較して、自分の賞与は高いと思うか？

顧客満足度調査と同様、「非常に満足」「やや満足」「普通」「やや不満」「非常に不満」など段階に応じて回答してもらうことで、定量的に分析できるようにすることが一般的です。

　また、アンケートは無記名で行うことがポイントです。記名で実施すると、社内での摩擦を懸念する従業員から本当の意見が出なくなる恐れがあります。

(3) 調査結果の活用方法

　調査の結果、従業員の満足度が低いことがわかった場合、満足度向上のための対策を打つ必要があります。参考になる理論として「動機づけ・衛生理論」が挙げられます。

　これは職務満足と職務不満足の要因は同じものではなく、別々のものであるという理論で、改善すれば職務不満を防止する効果はあるが、積極的な態度を引き出すためにはほとんど効果がない「衛生要因」と、積極的な職務態度を誘発する「動機づけ要因」に分けられます。

　従業員の満足度を向上させるためには、作業条件や身分の保障などの「衛生要因」を改善しつつ、達成、承認、責任などの「動機づけ要因」を接客要員に提供することが考えられます。

　調査結果から不満足の要因は何であるかを抽出し、従業員の組織へのコミットメントの向上や離職率の低下を図りながら、顧客に提供するサービスレベルを高めることが重要です。

　従業員の動機づけ方法については、姉妹書である『コミュニケーション・マーケティング』に詳しく記載してあります。

(4) 従業員満足度の高い企業とは

　Great Place to Work® Institute Japan は、日本における「働きがいのある会社」ランキングを毎年、発表しています。

同社が定義づけている働きがいのある会社とは、「従業員が会社や経営者、管理者を信頼」し、「自分の仕事に誇り」を持ち、「一緒に働いている人たちと連帯感を持てる」会社です。そして、この定義を実現する要素として、「信用」「尊敬」「公正」「誇り」「連帯感」の5つの要素を挙げています。
　このランキングの審査方法は、社内制度や企業文化などに関する企業への質問と従業員に対するアンケートです。この2つを評価委員会が精読し、5つの要素ごとに点数をつけてランクづけをしています。

　また、さまざまな調査でそのサービスが高い評価を受けているホテル「ザ・リッツ・カールトン大阪」は顧客満足度の前に従業員満足を重視しており、そのために従業員満足度調査を実施しています。
　同ホテルのホームページには、次のような記載があります。
　「リッツ・カールトンでは、顧客満足を実現する最大の要素を、従業員が楽しく働く環境づくりとし、従業員を内部顧客（インターナルカスタマー）と捉え、お互いに尊重しあえる環境づくりを行うと共に、チームワークとコミュニケーションを重視しております。例えば、従業員の意見や提案はホテルが成功する為に重要なものであると考え、労働条件、ゲストに対するサービス及び従業員に対する福利厚生等に関して、従業員が意見や見解を述べる機会として、定期的に『従業員満足度調査』を実施しており、その調査結果に基づいて改善等を行っております。」
　「ザ・リッツ・カールトン大阪」は、このようにインターナル・マーケティングを重視し、従業員満足度調査を実施することで、従業員（接客要員）のサービスレベルを高め、顧客満足度を高めるという施策を効果的に行っている代表的な事例といえるでしょう。

section 4　サービスのマーケティング・リサーチ

ミステリー・ショッピング・リサーチ

　ここでは、サービス・トライアングルの中で、サービスの特徴が最も良く表れる接客要員から顧客に対するマーケティング活動（インタラクティブ・マーケティング）をリサーチする代表的な方法である、ミステリー・ショッピング・リサーチについて紹介します。

(1) ミステリー・ショッピング・リサーチとは
　ミステリー・ショッピング・リサーチは、ミステリーショッパーや覆面調査とも称されるもので、アメリカで誕生し、日本でも約40年の歴史のある調査手法です。
　これは顧客になりすました調査員が、調査対象となった自社や競合店の接客要員の普段の接客態度や言葉遣いなどを、相手に気づかれずに調査するものです。電話の応対を評価する場合もあります。
　当初はガソリンスタンドなどを対象に行われていましたが、現在では小売業、飲食業、宿泊業、金融業など利用する業種が広がっています。
　接客要員がマニュアルどおり接客しているかどうか、店舗の雰囲気はどうかなどをチェックシートで評価して、接客技能や店舗イメージの改善を図り、サービスの質を高めていくことを目的としています。
　この調査は秘密を要するので、調査会社はもちろん、発注する側の社内でも、限られた担当者だけで厳重に管理する必要があります。

(2) 調査の手順
①調査店舗の決定

すべての店舗で実施する場合と、一部の店舗に絞り込んで実施する場合があります。一部の店舗で効果を測定してから、全店舗に広げる方法をとることもあります。

②調査項目の決定

ミステリー・ショッピング・リサーチでは、大きく分けて次の3つの調査項目が挙げられます。

a.接客面

図3-05　ミステリー・ショッピング・リサーチ　チェック項目(例)

ミステリーショッパー　チェックシート

分野	No	チェック項目	点数
予約時	1	予約時の対応は、丁寧だったか？	0　4　7
予約時	2	予約時に必要な説明を実施できていたか？	0　4　7
予約時	3	予約時の説明は、わかりやすかったか？	0　4　7
挨拶	4	「いらっしゃいませ」があったか？	0　4　7
挨拶	5	「いらっしゃいませ」でアイコンタクトがあったか？	0　4　7
挨拶	6	「いらっしゃいませ」に笑顔があったか？	0　4　7
サービス提供時	7	席までの案内は、スムーズだったか？	0　4　7
サービス提供時	8	サービスに入る前の説明は、丁寧だったか？	0　4　7
サービス提供時	9	サービス中の動作は迅速かつ丁寧だったか？	0　4　7
サービス提供時	10	次回来店を促すトークがあったか？	0　4　7
お待たせ時	11	サービス中に中座する場合、丁寧なお詫びがあったか？	0　4　7
お待たせ時	12	中座後、戻ってきたときに、丁寧なお詫びがあったか？	0　4　7
お待たせ時	13	応援に呼ばれた接客員は、すぐに来たか？	0　4　7
お待たせ時	14	応援の接客員の接客態度は、良かったか？	0　4　7
お待たせ時	15	サービス終了時に丁寧な応対があったか？	0　4　7
お見送り	16	「ありがとうございました」があったか？	0　4　7
お見送り	17	「ありがとうございました」に笑顔があったか？	0　4　7
お見送り	18	「ありがとうございました」でアイコンタクトがあったか？	0　4　7
合計			

□調査担当者（　　　　　　　　）
□調査日時（　）年（　）月（　）日（　）曜日　AM/PM（　：　）

接客要員の態度、対応はどうか。
・基本応対（身だしなみ、挨拶、案内、レジ応対　など）
・フレンドリーサービス（笑顔、アイコンタクト　など）
・提案力（顧客ニーズの引き出し　セールストーク　など）
b.クレンリネス面
　店舗の清掃状況、整理整頓状況はどうか。
c.サービス品質面
　実際に受けてみて、サービスの品質はどうか。
　これらの大きな項目をもとに、具体的なチェック項目を決定していきます。チェック項目は、業種・業態によって変える必要があります。
③調査票の作成
　チェック項目を調査票に落とし込みます。調査票に落とし込む際には、受付から見送りまで時系列でチェック項目を並べるパターン、大項目ごとに並べるパターンがあります。

(3) 調査の留意点

①調査員のバイアス
　同じ調査員が何度も同じ店舗を調査すると、なじみの店になることがあります。なじみの店になると、故意に評価を甘くしたり、厳しくするなどのバイアスがかかる恐れがあるため、調査員を変更する必要があります。

②調査員の教育
　調査員の主観によって、各チェック項目に対する評価は変わります。調査員による評価のバラツキを最低限に抑えるために、研修や説明会による事前教育が必要になります。

③複数の調査員による実施
　教育を徹底しても調査員によるバラツキはなくなりません。そこで、

さらに評価のバラツキを少なくするための対策として、複数の調査員で同一店舗を調査することが挙げられます。

(4) 調査結果の活用方法
①接客要員の能力のバラツキが見られた場合

　サービスは人的な活動が中心となって提供されるので、品質を標準化することは困難ですが、こうした異質性をある程度、是正することは可能です。

　例えば、サービスの内容をマニュアル化したり、教育訓練を施すことにより、サービスレベルを標準化し、能力のバラツキを小さくすることが考えられます。

　調査結果によって、問題となっている接客内容は、接客トークなのか、態度なのかを特定して、重点的な対策をとることが効率的です。

②混雑時と閑散時でサービスの差が見られた場合

　需給バランスを是正することで、接客要員が顧客に対して、標準化されたサービスを提供することが可能になります。

　具体的には、閑散時に割引価格を設定したり、混雑時に予約制を導入することなどが考えられます。

section 1　プライス・プレイスのマーケティング・リサーチの概要
section 2　ストアコンパリゾン①（価格）
section 3　ストアコンパリゾン②（店舗レイアウト）
section 4　POS分析①（価格）
section 5　POS分析②（店舗レイアウト）
section 6　商圏調査①（統計データ）
section 7　商圏調査②（後背地調査）
section 8　立地調査①（目視調査）
section 9　立地調査②（通行客・来店客比率調査）
section 10　来店客調査①（新製品の価格）
section 11　来店客調査②（歩行動線調査）

PART 4

プライス・プレイスの
マーケティング・リサーチ

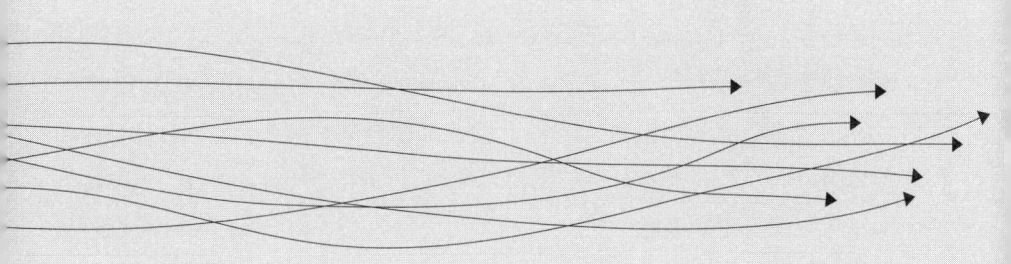

製品やサービスを
いくらで売るか？ どこで売るか？
プライスとプレイスのマーケティング・リサーチの
手法を理解する

section 1　プライス・プレイスのマーケティング・リサーチ

プライス・プレイスの
マーケティング・リサーチの概要

　企業は製品やサービスを生み出すだけでは、売上を上げ、利益を獲得することはできません。生み出した製品やサービスをいくらで売るのか、どこで売るのかを考え、適正なプライス、プレイス（チャネル）を選択する必要があります。PART4では、プライス、プレイスについてのマーケティング・リサーチを紹介します。

(1) プライス

　京セラ創始者の稲盛和夫氏が、「値決めは経営である」といわれているように、自社の製品やサービスにいくらの価格をつけるかは、企業にとって重要な意思決定です。

　価格決定の方法は、大きく「コスト志向型価格設定法」、「需要志向型価格設定法」、「競争志向型価格設定法」に分けることができます。

　コスト志向型価格設定法は、自社の製造原価や仕入原価に確保したい利益を上乗せすることで価格を決定する方法です。

　需要志向型価格設定法は、顧客がいくらで買いたいと考えているかを分析することで価格を決定する方法です。

　競争志向型価格設定法は、競合他社がいくらで販売しているかを参考に、価格を決定する方法です。

　製品や商品、サービスが溢れている世の中では、ほとんどの企業はコスト志向型価格設定法を採用することはできません。やはり、顧客や競合他社に目を向けながら適切な価格を設定する必要があります。

　そこで、このPARTでは、競合他社のリサーチ手法であるストアコ

ンパリゾン、そして需要についてリサーチするPOS分析を、価格設定に活かす方法について紹介します。

(2) プレイス（チャネル）

いくら良い製品やサービスを提供しても、顧客の目に触れなければ売上を上げることはできません。

顧客の目に触れるかどうか重要になるのが、プレイス（チャネル）です。

製造業や卸売業にとってのプレイスは、どの卸売業や小売業で自社の製品や商品を販売してもらうかということです。

小売業にとってのプレイスは、どの都市のどの場所に店舗を設置するかということです。

特にプレイスが重要になるのが、小売業・サービス業です。

製造業や卸売業は、もし思うように売上が上がらない場合、プレイスを変えることも不可能ではありません。

ところが小売業・サービス業は、一度店舗を構えてしまえば、思うように売上が上がらないからといって、プレイスを変えることは容易ではありません。

また、小売業の場合、店舗の中でどの商品をどの場所に置くかによっても、売上は大きく変化します。店内の商品の配置もプレイスと考えることができます。

そこでこのPARTでは、小売業の商圏や立地のリサーチ手法、小売店内の商品配置が適正かどうか、のリサーチ手法についても紹介します。

section 2　プライス・プレイスのマーケティング・リサーチ

ストアコンパリゾン①（価格）

このsectionでは、代表的な小売店舗の調査法であるストアコンパリゾンについて紹介します。

(1) ストアコンパリゾンの目的

ストアコンパリゾンは、競合店調査とも呼ばれます。競合店の実情を調査することで、自店の対策に活かします。ストアコンパリゾンで得られる情報は多岐にわたります。競合店の品揃え、サービス、価格、店舗レイアウト、内装などの情報です。そこで競合店の何を調べるのか、明確に目的を定めることが重要です。

競合店対策で特に重要なのが価格政策です。ここでは、価格を目的とした調査内容について述べていきます。

(2) 競合店の捉え方

競合店といっても、さまざまな捉え方があります。例えば、マクドナルドの競合店は、ハンバーガー業界ではモスバーガーといえますが、昼食需要を取り合っている点から、セブンイレブンと見ることもできます。競合店の捉え方は、自店のストアコンセプトや方針と深く関係します。

競合店の捉え方　7つのチェックポイント

☐ 商圏が重なっている
☐ 立地の特性が類似している
☐ 同じ層の顧客を対象としている

☐売場面積が同等である
☐商品構成が類似している
☐中心価格帯が同程度である
☐ストアコンセプトが類似している

　目安として、上記のチェックポイントのうち5つ以上が重なれば、競合店と捉えることができます。

(3) 価格調査の実施手順

　競合店を決定し、自店の価格政策や商品の価格設定について把握した後、実際に競合店を観察して調査をします。価格調査の手順は下の図のとおりです。

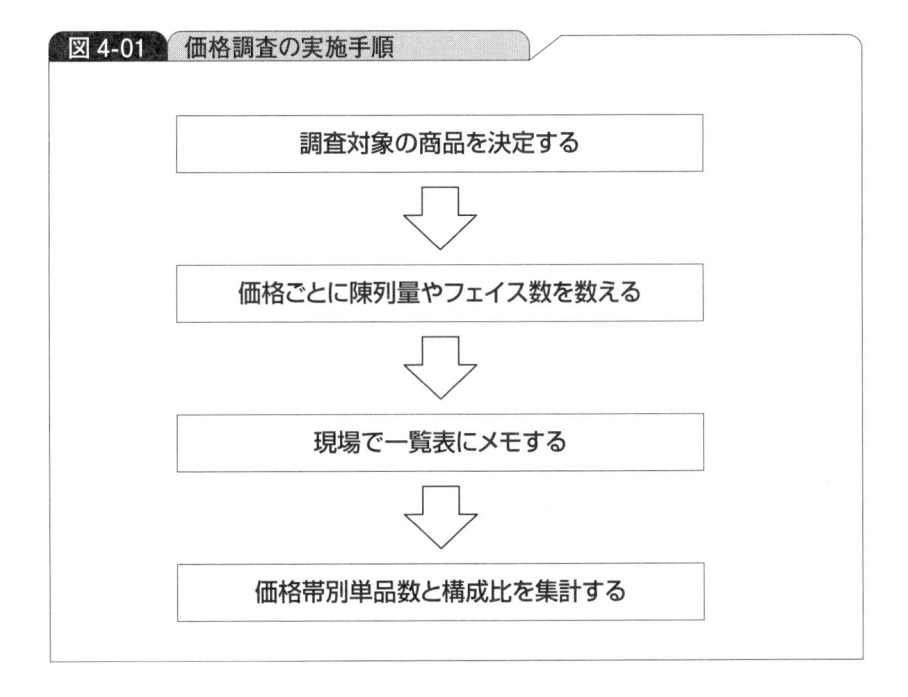

図 4-01　価格調査の実施手順

```
調査対象の商品を決定する
      ↓
価格ごとに陳列量やフェイス数を数える
      ↓
現場で一覧表にメモする
      ↓
価格帯別単品数と構成比を集計する
```

(4) 価格調査のまとめ方

　価格調査結果のまとめ方は、商品・アイテムを基準にまとめる方法と、価格帯を基準にまとめる方法に大別できます。

　商品・アイテムを基準にまとめる場合、商品ごとに自店と他店の違いをまとめていきます。この際、基準となる商品として自社の売上トップ5など、主力商品を選択すると有効です。

　価格帯を基準にまとめる場合、価格帯別に一覧表にしてまとめます。その上で、価格帯と陳列量の構成比を軸とした折れ線グラフを描いて分析していきます。

　価格帯を基準とした集計によって、競合店の価格から見る強みと弱みや方向性が見えてきます。また商品別の一覧表によって、自店で注力している商品が他店でどのように販売されているかを調査することができます。

図 4-02　商品・アイテム別一覧表(例)

商品	自店(単価)	自店(陳列数)	競合A店(単価)	競合A店(陳列数)
A商品	680	20	780	10
B商品	2,000	10	2,000	25
C商品	480	15	580	5
D商品	980	10	1,000	1
E商品	5,000	2	4,800	8

図 4-03　価格帯別一覧表（例）

価格帯	自店(陳列量)	自店(構成比)	競合A店(陳列量)	競合A店(構成比)
～1,000円	80	40.0%	40	16.0%
～2,000円	30	15.0%	60	24.0%
～3,000円	30	15.0%	60	24.0%
～4,000円	20	10.0%	30	12.0%
～5,000円	20	10.0%	10	4.0%
～6,000円	10	5.0%	40	16.0%
～7,000円	10	5.0%	10	4.0%

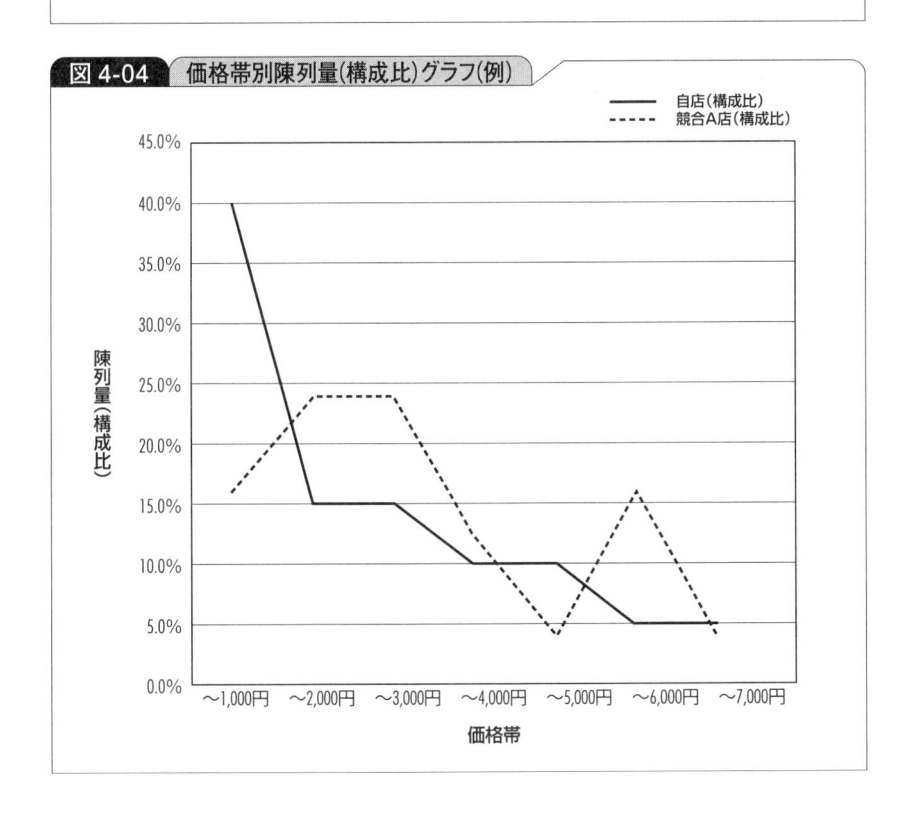

図 4-04　価格帯別陳列量(構成比)グラフ(例)

PART 4　プライス・プレイスのマーケティング・リサーチ

section 3　プライス・プレイスのマーケティング・リサーチ

ストアコンパリゾン②（店舗レイアウト）

　ストアコンパリゾンでは、価格調査と並んで店舗レイアウト調査もよく実施されています。

(1) 店舗レイアウト調査の目的

　店舗レイアウト調査では、実際に顧客に商品を提供する場所である店内のレイアウトを見ることで、その店舗がどのような商品に力を入れているのかを把握することができます。

　また、売場単位、カテゴリー単位、商品単位での強みと弱みを自店と比較することができます。

　競合店がレイアウトの工夫によって、どのように顧客の購買を促進しているかの事例を収集することもできます。

　これらの目的を踏まえて、競合店のレイアウト調査を実施することが重要です。

(2) 店舗レイアウト調査の実施手順

　競合店の店舗レイアウト調査の実施手順は、次ページの図4-05のとおりになります。

　まずは全体の店舗のレイアウトを把握し、それから細かく商品別の陳列状況や売場面積を確認します。

図 4-05　店舗レイアウト調査の実施手順

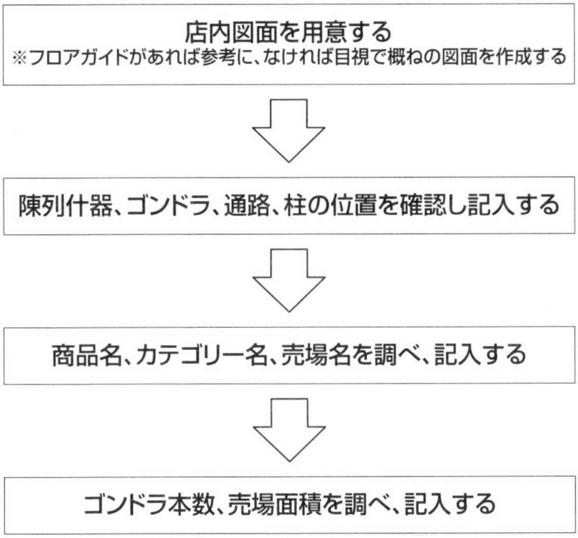

```
店内図面を用意する
※フロアガイドがあれば参考に、なければ目視で概ねの図面を作成する
        ↓
陳列什器、ゴンドラ、通路、柱の位置を確認し記入する
        ↓
商品名、カテゴリー名、売場名を調べ、記入する
        ↓
ゴンドラ本数、売場面積を調べ、記入する
```

(3) 重点商品の把握

　力を入れている重点商品を、展開場所から把握します。一般的に重点商品は、目立つ位置で展開します。

　目立つ位置とは、店頭ディスプレイ、ゴンドラエンド、レジ前の陳列スペースなどです。

①店頭ディスプレイ

　ショーウィンドウや店舗入口付近のテーブルなど、入口から目に入る場所にある陳列スペースのことです。来店客だけでなく店外の通行客にも訴求する重要な場所です。

②ゴンドラエンド

　陳列棚の両端の広い通路に接した面のことです。店舗の通路を歩く顧客の目につきやすい場所です。

③レジ前の陳列スペース

レジカウンター前にある陳列スペースです。会計時や会計待ちの際に目につくため、訴求力が高い場所です。

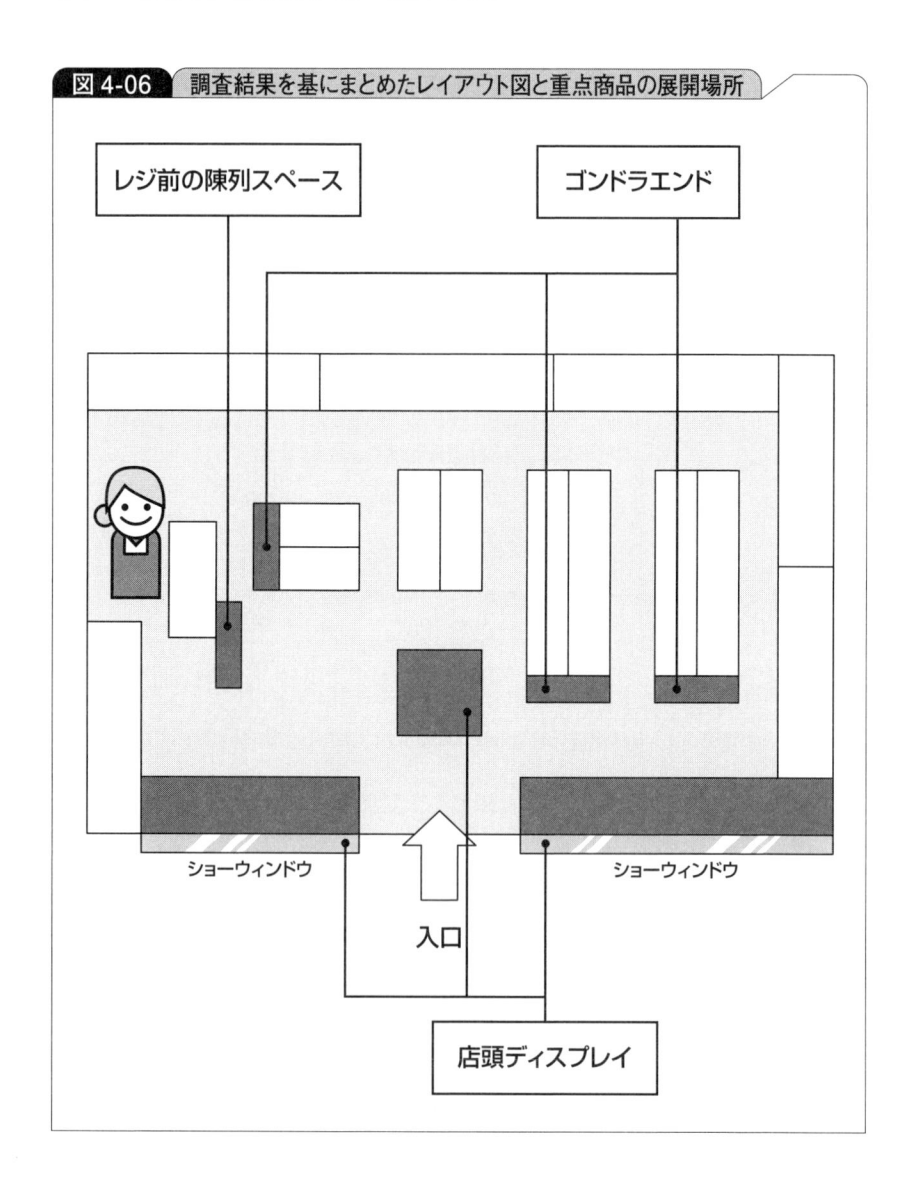

図 4-06　調査結果を基にまとめたレイアウト図と重点商品の展開場所

レジ前の陳列スペース

ゴンドラエンド

ショーウィンドウ

ショーウィンドウ

入口

店頭ディスプレイ

(4) カテゴリー単位での強みと弱みを知る

カテゴリー構成比から競合店の強みと弱みを割り出します。

それにはレイアウトを図面に落とし込み、売場やカテゴリー、商品ごとの展開面積の概算をまとめます。

そして総面積との割合を下の計算式で算出します。

$$\text{カテゴリー面積構成比（\%）} = \frac{\text{カテゴリー展開面積}}{\text{総面積}} \times 100$$

売場、カテゴリー、商品ごとの面積の概算と構成比を図4-07のように一覧表にまとめて、自店と競合店を比較することで、カテゴリーや商品の強みと弱みを明らかにしていきます。

(5) 競合店のレイアウトの工夫の収集

競合店のレイアウトの工夫は、調査の最中に書き留めておきます。レ

図4-07　自店と競合店の面積、構成比の比較表

カテゴリー	自店 （面積）	自店 （構成比）	競合A店 （面積）	競合A店 （構成比）
カテゴリーA	2m²	10.0%	3m²	10.0%
カテゴリーB	3m²	15.0%	5m²	16.7%
カテゴリーC	4m²	20.0%	2m²	6.7%
カテゴリーD	1m²	5.0%	6m²	20.0%
カテゴリーE	5m²	25.0%	8m²	26.7%
カテゴリーF	2m²	10.0%	3m²	10.0%
カテゴリーG	3m²	15.0%	3m²	10.0%

イアウトの工夫の例として、下記のものがあります。
①ワンウェイコントロール
　顧客が、入口から店内を巡回して出口に行くように導く経路設計のことです。
②マグネットポイントの配置
　マグネットポイントとは、顧客を引きつける「売れ筋商品」のことです。マグネットポイントの位置を工夫し、顧客を店舗の奥まで誘導するなどの使い方があります。
③ランディングゾーンの設置
　ランディングゾーンとは、店舗入口から商品陳列までのスペースを指し、顧客が店舗に馴染むまで準備をする空間のことです。

　他にもさまざまな工夫が考えられます。競合店調査の際には細心の注意を払い、些細なことも書き留めることが重要です。

(6) 調査結果の活用
①重点商品
　競合店の重点商品を把握し、自店の商品政策に活用します。
　これには、競合店の重点商品を自店でも取り扱って打ち出していく方向性と、あえて重点的に取り扱わず、競合店の重点商品以外の商品を打ち出す方向性があります。
　前者の方向性を選択する場合、競合店と違う切り口で商品の魅力をアピールすることが重要です。
　後者を選択する場合は、当然のことながら顧客に支持される可能性が高い商品を選択しなければなりません。
②売場単位、カテゴリー単位、商品単位の強みと弱み
　売場単位、カテゴリー単位、商品単位での強みと弱みを知ることで、

自店が強化する売場、カテゴリーを割り出します。
　競合店の弱みである売場・カテゴリー・商品を強化することで、自店を差別化することができます。

③競合店のレイアウトの工夫の活用
　競合店のレイアウトの工夫を参考にして、自店でも活用できるものを取り入れます。
　取り入れる工夫を選択する際のポイントは以下の5つです。

競合店のレイアウトを参考にする　5つのチェックポイント
□費用がかからないもの
□費用以上に、売上が伸びると考えられるもの
□時間がかからないもの
□時間がかかっても、効果的であると考えられるもの
□ストアコンセプトに反しないもの

---

section 4　プライス・プレイスのマーケティング・リサーチ

POS分析①（価格）

　POSデータは、店舗で得られる商品の売上額や売上点数に関するデータです。活用方法次第で、さまざまな対策に結びつけることができます。

　ここでは、POSデータの価格面での調査方法、活用方法について述べていきます。

(1) POSデータとは

　POSとはPoint of salesの略で、「販売時点情報管理」とも呼ばれます。

　店頭で商品にマーキングされているバーコードをスキャナーで読み取ることで、レジ精算を行うと同時に、単品ごとの販売データ（POSデータ）を収集します。

(2) POS分析の定義と目的

　POS分析とは、POSで得たデータを、売場のさまざまな切り口から精査し、売場の特徴や課題を見つけ出すことです。

　POS分析の目的は、適正な発注を行う、品揃えを改善する、作業を改善する、ロスを削減するなど多岐にわたります。

　特に価格面では、商品の価格弾力性を測定する、特売効果を測定するなど、これからの自店の価格政策に直結する分析結果を導き出すことができます。

(3) 価格弾力性の考え方

プライスのマーケティング・リサーチでは、価格弾力性の考え方を把握しておく必要があります。価格弾力性については、PART1でも触れましたが、ここで詳しく説明します。

経済学用語で、「何かが1％変化したときに、他のものが何％変化するか」を弾力性といいます。

価格弾力性とは、価格が変化したときに、需要量が変化する割合と考えてください。価格の下落に対して需要量の増加の割合が大きいときには「価格弾力性が高い」、需要量の増加の割合が小さいときには「価格弾力性が低い」といいます。

価格弾力性の考え方を応用すると、特定の商品の値下げや値上げを実施したときに需要量が変化した割合を見ることで、その商品にとって値下げや値上げが有効かどうかを判断することができます。

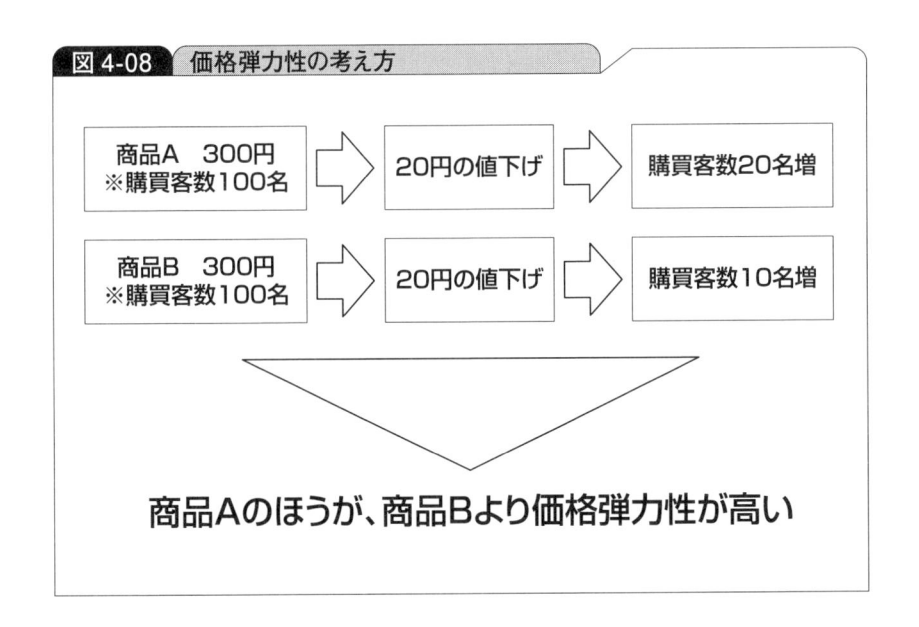

図4-08　価格弾力性の考え方

商品A　300円
※購買客数100名　→　20円の値下げ　→　購買客数20名増

商品B　300円
※購買客数100名　→　20円の値下げ　→　購買客数10名増

↓

商品Aのほうが、商品Bより価格弾力性が高い

(4) POSデータを活用した商品の価格弾力性の測定手順

POSデータを活用して、特定の商品の価格の変化に対して、どのように需要量が変化したかの割合を算出することができます。

手順は図4-09のとおりです。

(5) 分析結果の活用

商品を値下げする際には、価格弾力性が高い商品を値下げしたほうが効果的です。少しの値下げで需要量が大きく増加するからです。

一方で、商品を値上げする際には、価格弾力性が低い商品を値上げしたほうが効果的です。

価格弾力性が高いと、少しの値上げで需要量が大きく減少します。しかし、価格弾力性が低い商品は、値上げしても需要量の変化の割合が小

図4-09　特定商品の価格弾力性を算出する手順

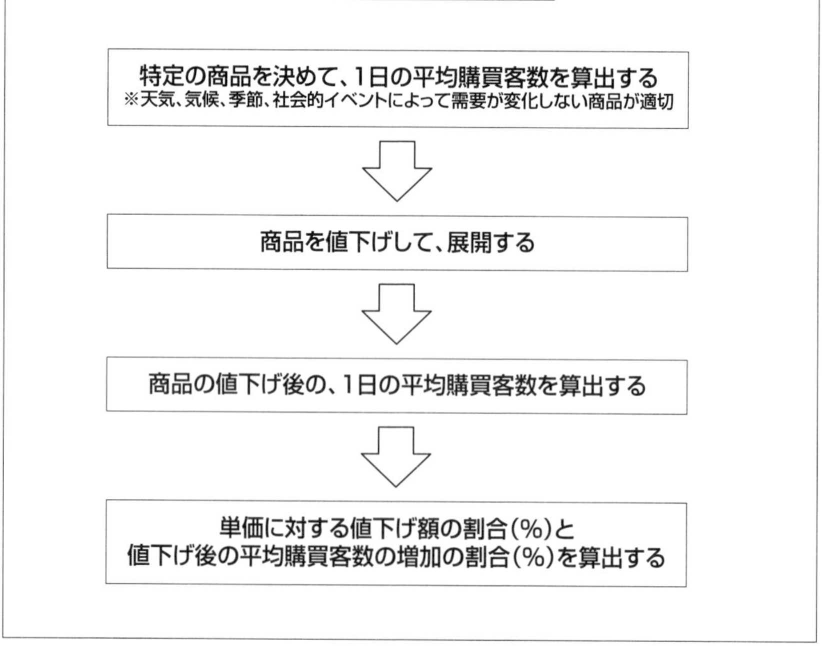

特定の商品を決めて、1日の平均購買客数を算出する
※天気、気候、季節、社会的イベントによって需要が変化しない商品が適切

↓

商品を値下げして、展開する

↓

商品の値下げ後の、1日の平均購買客数を算出する

↓

単価に対する値下げ額の割合（％）と
値下げ後の平均購買客数の増加の割合（％）を算出する

さく、販売数が低下しない傾向が強いからです。

　価格弾力性、つまり価格の変化に対する需要量の増減の割合について、商品間で比較すると、値下げに適した商品、値上げに適した商品が見えてきます。

(6) 分析結果の留意点

　これらの結果は、同一条件のもとで測定された場合ほど、信憑性が高まります。しかし、実際の店舗では、同一条件のもとで測定されるということはありません。

　例えば、特売の効果測定では、天候や気温、季節、社会的イベントの有無など、値下げ以外の条件によっても売上高が左右されます。

　こうしたことを踏まえて、ＰＯＳデータの分析結果を活用することが重要になります。

section 5 　プライス・プレイスのマーケティング・リサーチ

POS分析②（店舗レイアウト）

　POSデータの分析結果を、店舗レイアウトに活用する手法があります。店舗レイアウトは効果測定が難しい分野ですが、POSデータを活用することで、数値的な根拠を導き出すことが可能になります。

(1) POSで分析する店舗レイアウト

　前掲のカテゴリー構成比一覧（113ページ）にカテゴリー別売上高を加えることで、カテゴリーの生産性を導き出すことができます。

図4-10　カテゴリー生産性の算出の実施手順

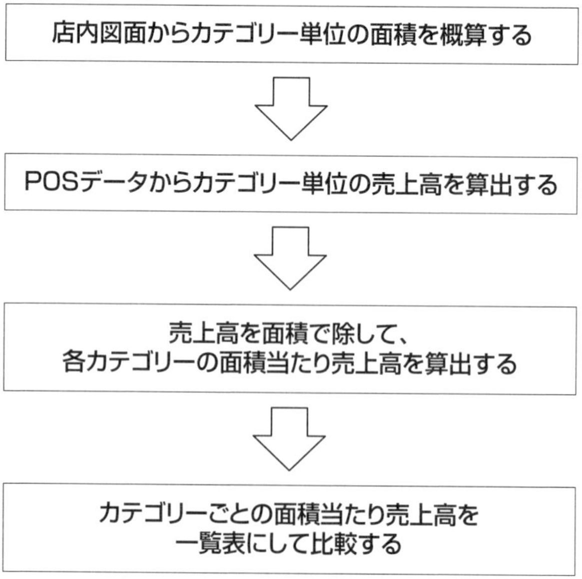

```
店内図面からカテゴリー単位の面積を概算する
          ↓
POSデータからカテゴリー単位の売上高を算出する
          ↓
売上高を面積で除して、
各カテゴリーの面積当たり売上高を算出する
          ↓
カテゴリーごとの面積当たり売上高を
一覧表にして比較する
```

生産性とは、投入した資源が生み出す成果の割合を表します。ここでは、各カテゴリーが一定の面積当たりに稼ぎ出す売上高の割合のこととします。生産性が高いカテゴリーほど、少ない面積で多くの売上高を上げているといえます。

(2) ゴンドラ生産性

カテゴリー生産性以上に細かく生産性を見ていく指標に、ゴンドラ生産性があります。通常、カテゴリーは複数のゴンドラで展開されています。ゴンドラ生産性は、ゴンドラごとの面積当たり売上高で測ることができます。具体的には、ゴンドラごとに陳列された商品の売上高を算出し、ゴンドラの面積で割ることで導き出します。図面上のゴンドラの面積を使用し概算で算出する方法と、ゴンドラの棚の数まで考慮した総面積を使用して、より正確に算出する方法があります。

ゴンドラ生産性では、生産性の高さに応じて、図面上で色分けするとさらにわかりやすくなります。

図 4-11　カテゴリー生産性の一覧表

カテゴリー	面積	構成比	売上高	1m²当たり売上高
カテゴリーA	2m²	10.0%	20,000	10,000
カテゴリーB	3m²	15.0%	90,000	30,000
カテゴリーC	4m²	20.0%	20,000	5,000
カテゴリーD	1m²	5.0%	15,000	15,000
カテゴリーE	5m²	25.0%	18,000	3,600
カテゴリーF	2m²	10.0%	30,000	15,000
カテゴリーG	3m²	15.0%	60,000	20,000

(3) 調査結果の活用

カテゴリー生産性やゴンドラ生産性を自店の取り組みに活用するには、どうすれば良いでしょうか。

①カテゴリー生産性

ストアコンパリゾンでは、量的な切り口で競合店と比べて自店の強みと弱みを把握しました。カテゴリー生産性では、自店の中の強みと弱みがカテゴリーごとに明確になります。カテゴリー生産性を基に、各カテゴリーの店舗での役割や効果を考えてみましょう。

②ゴンドラ生産性

ゴンドラ生産性は、カテゴリーをさらに分解して分析する指標です。

図 4-12　ゴンドラ生産性の算出の実施手順

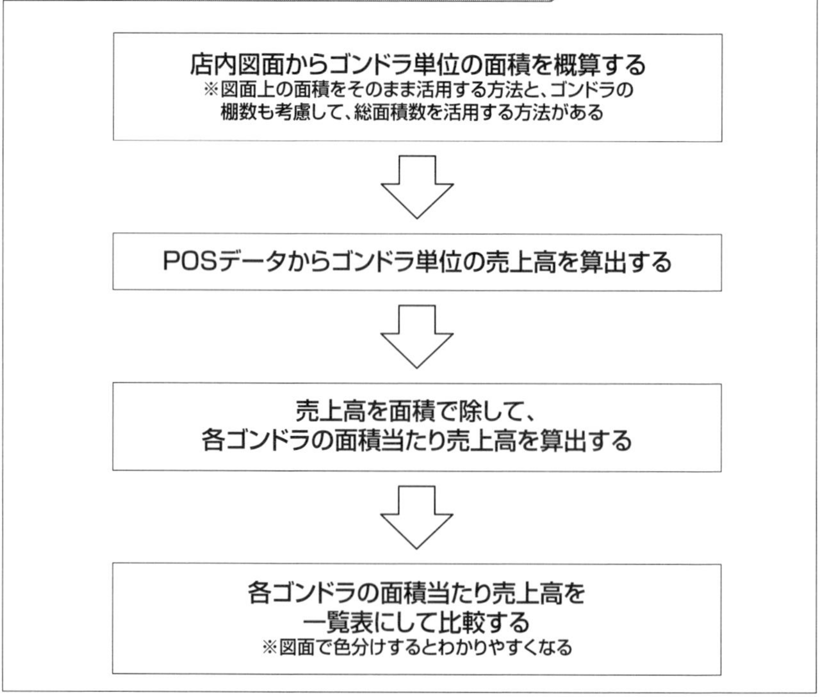

```
店内図面からゴンドラ単位の面積を概算する
※図面上の面積をそのまま活用する方法と、ゴンドラの
　棚数も考慮して、総面積数を活用する方法がある
            ↓
POSデータからゴンドラ単位の売上高を算出する
            ↓
売上高を面積で除して、
各ゴンドラの面積当たり売上高を算出する
            ↓
各ゴンドラの面積当たり売上高を
一覧表にして比較する
※図面で色分けするとわかりやすくなる
```

同一カテゴリーの中でも、どのゴンドラで展開している商品の売上が良いのかを調べることができます。

また、展開場所と売上高の相関性を探索する考え方といえます。商品を替えても常に同じゴンドラの売上高が高いならば、そのゴンドラは売場の優位置にあるといえます。

カテゴリー生産性やゴンドラ生産性を店舗のデータとして活用するためには、長期的、継続的に収集したデータの平均値を使用するなど、多くのデータを踏まえて結論を導き出すことが重要です。

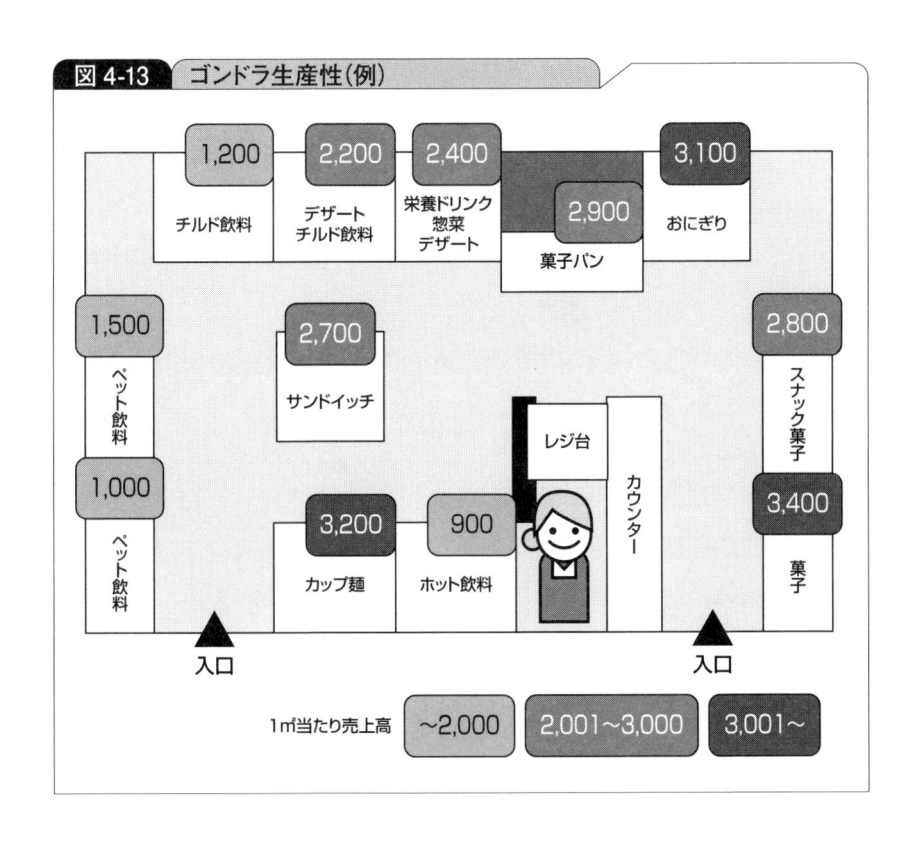

図 4-13　ゴンドラ生産性（例）

商品	売上
チルド飲料	1,200
デザートチルド飲料	2,200
栄養ドリンク・惣菜・デザート	2,400
菓子パン	2,900
おにぎり	3,100
ペット飲料	1,500
ペット飲料	1,000
サンドイッチ	2,700
カップ麺	3,200
ホット飲料	900
スナック菓子	2,800
菓子	3,400

1m²当たり売上高　～2,000　2,001～3,000　3,001～

section 6　プライス・プレイスのマーケティング・リサーチ

商圏調査①（統計データ）

　小売業やサービス業の店舗の商圏について調査することで、商圏の潜在的な「顧客数」や「顧客層」を探ることができます。潜在的な顧客とは、店舗に来店する可能性があるすべての消費者のことです。

　潜在的な顧客数を知ることで、実質的に期待できる来店客数を把握することができます。また、顧客層を把握することで、顧客の特徴を知ることができます。潜在的な顧客数と現在の顧客数を比較することで、機会損失を明確にし、潜在的な顧客層を知ることでプロモーション施策に活用することができます。

(1) 商圏調査の重要性

　多くの小売業やサービス業では、出店時に計画した場所がどのような属性を持っているのかを調査します。小売業やサービス業にとって商圏の潜在的な購買力の規模は、その店舗が繁盛するかしないかを左右する大きな要素だからです。

　企業によっては、商圏分析用のソフトウェアを使用しています。また、専門の調査会社に依頼する場合もあります。しかしそうした手段を利用するには、多額の費用を支払うことを覚悟しなければなりません。多額の費用を支払ったにもかかわらず、期待していた成果を得られなかったという例も少なくありません。

　そこでまずは、自分自身でも商圏調査を行ってみましょう。すでに発表になっている統計データを分析することで、ある程度商圏の特性を把握することができます。その方法について、以下で説明していきます。

(2) 人口データ

最初に、調査店舗がある地域の人口を調べましょう。それには政府や地方公共団体のホームページが有効です。地域ごとの人口データ（町丁別・男女別・年齢別など）を取得できます。立地を計画している周辺地域の住民に、男性が多いのか、女性が多いのか、それぞれどの年代が多いのか、どの年代が少ないのか等を把握することができます。

それによって、取り扱う商品やサービスが地域の人口構成に適しているか、適していない場合はどのように変えていけば良いのかを把握することができます。

図4-14 町丁別・男女別・年齢別データ(例)

年齢	西片一丁目 総数	男	女	西片二丁目 総数	男	女	向丘一丁目 総数	男	女	向丘二丁目 総数	男	女
総数	2,157	1,014	1,143	2,708	1,351	1,357	2,921	1,445	1,476	3,113	1,489	1,624
0〜4	73	33	40	75	35	40	128	62	66	78	36	42
0	23	10	13	13	8	5	28	15	13	20	7	13
1	9	4	5	16	6	10	25	13	12	14	5	9
2	10	6	4	17	9	8	18	6	12	16	10	6
3	17	10	7	11	3	8	32	16	16	13	5	8
4	14	3	11	18	9	9	25	12	13	15	9	6
5〜9	102	51	51	102	54	48	125	67	58	88	49	39
5	14	6	8	16	11	5	25	14	11	12	9	3
6	19	8	11	23	10	13	22	9	13	15	8	7
7	21	12	9	19	9	10	24	13	11	15	7	8
8	31	15	16	24	14	10	30	16	14	21	12	9
9	17	10	7	20	10	10	24	15	9	25	13	12
10〜14	107	59	48	116	66	50	104	48	56	94	55	39
10	28	17	11	20	13	7	22	9	13	18	13	5
11	22	14	8	27	15	12	21	14	7	17	11	6
12	15	6	9	23	16	7	24	9	15	15	9	6
13	17	9	8	25	13	12	19	10	9	23	11	12
14	25	13	12	21	7	12	18	6	12	21	11	10
15〜19	89	40	49	137	74	63	84	40	44	99	45	54
15	18	5	13	23	11	12	19	12	7	20	10	10
16	16	4	12	28	17	11	13	6	7	17	11	6
17	12	6	6	22	14	8	17	10	7	15	2	13
18	22	12	10	31	17	14	18	6	12	23	11	12
19	21	13	8	33	15	18	22	11	11	24	11	13

出典：東京都ホームページ

(3) メッシュ統計

　経済産業省のメッシュ統計データを使って、街の購買力を探ることができます。特定の範囲内にある小売業全体の販売額も調べることができます。メッシュ統計では、面積が同じ範囲内で、複数の場所を比較できるために、どの街の購買力が高いか、わかりやすく比較することができます。当然、購買力が高い場所にある店舗のほうが、購買力が低い場所にある店舗に比べて、拡大できる販売額が多いといえます。

(4) 地図による分析

　メッシュ統計データと組み合わせて使いたいのが、地図による分析です。近年、インターネット上でも簡単に地図を取得することができるようになっています。メッシュデータの数値が示している範囲の地図を見ることで、メッシュ統計と連動して地域の分析をすることができます。

図 4-15　主要駅の最寄り3次メッシュ(1km四方)内年間小売販売額

集計中心地	最寄り3次メッシュ内小売業年間販売額
札幌駅	2,039億円
仙台駅	1,602億円
新宿駅	1兆1,872億円
池袋駅	5,314億円
渋谷駅	3,385億円
横浜駅	3,639億円
名古屋駅	1,514億円
京都駅	1,308億円
大阪駅	4,559億円
博多駅	1,216億円

出典：2004年商業統計メッシュデータ

地図上で、学校や企業、主要な商業施設を把握することで、その街にどのような顧客がいるのかを、予測することもできます。

(5) 商圏調査（統計データ）のまとめ

これらの統計データに基づく立地調査は、調査の目的によって適宜、調査方法を選択したり、組み合わせたりする必要があります。全体のイメージとしては、地域の人口データで細かな人口構成を把握し、メッシュ統計で街の購買力の大小を探ります。その上で、街の学校や企業、商業施設を調べることで、商圏の特徴について理解します。

ただし、周辺の地域に住むすべての人が来店客になることはありません。また、住民以外の通勤者、通学者も来店客になる可能性があります。ここで得た情報を次の商圏調査（後背地調査）で掘り下げて調べることで、潜在的な顧客数や顧客層を明らかにすることができます。

図4-16　グーグルマップのイメージ

出典：Googleマップ

section 7　プライス・プレイスのマーケティング・リサーチ

商圏調査②（後背地調査）

　周辺の町丁の人口のうち、実質的に来店する可能性がある顧客数が、潜在的な顧客数になります。また商圏内の通勤者数、通学者数、集合住宅を調べることで、潜在的な顧客層を探ることができます。

　まずは、商圏の設定が重要になります。商圏を設定する場合、地図を活用する方法が一般的です。

(1) グーグルストリートビュー

　インターネットでできる地図検索で有効なのが、無償で使用できるグーグルマップです。グーグルマップでは、住所を入力することで、その地域の地図や主要な建物を表示することができます。

　また、グーグルマップの機能のひとつであるグーグルストリートビューでは、実際に現地の写真画像を見ることができます。グーグルストリートビューによって、移動時間をかけることなく、ある程度の現地の情報を把握することができます。

(2) マピオンの超印刷

　グーグルマップと並んで有効な地図検索サイトとして、マピオンが挙げられます。グーグルマップと同様、住所を入力することで、その地域の地図や主要な建物を表示することができます。

　マピオンには、「超印刷」という機能があり、Ａ４サイズを繋ぎ合わせた大きな地図を簡単に印刷できます。

図 4-17　マピオン超印刷のイメージ（Ａ４×８枚の場合）

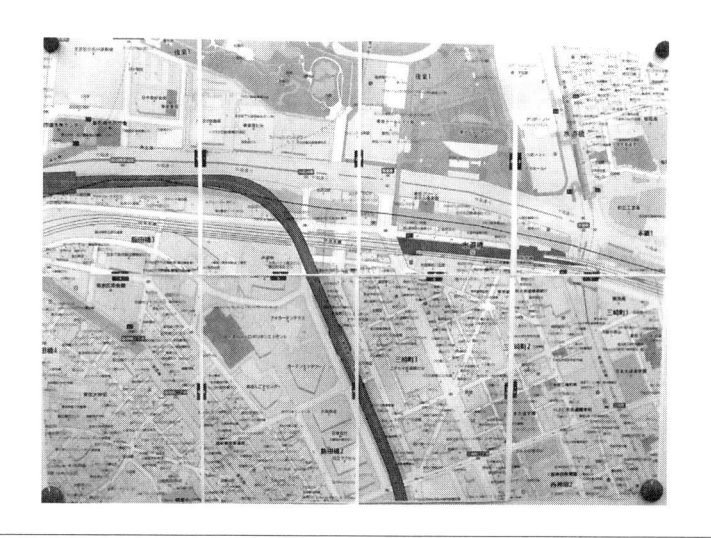

（3）商圏の設定

　商圏調査で最も重要になるのが、調査店舗の商圏面積の設定方法です。一般的には、歩測で○○ｍの地点で線引きをします。したがって、地図上の直線距離による同心円ではなく、河川や鉄道、道路などの有無に応じた形になります。例えば、橋を渡るために遠回りをする場合、川の反対側の地域は、どんなに調査店舗からの直線距離が短くても、歩測距離では商圏に入りません。

　したがって同じ町丁でも、商圏内の地域と商圏外の地域が出てきます。商圏内の地域の割合を算出し、町丁別の人口統計データを得られる場合は、それと掛け合わせることで、商圏内の潜在的な顧客数を割り出すことができます。

（4）通学者数

　通学者数を把握することは、商圏分析を行う上で重要です。通学者は

他の地域から来ることが多く、人口の統計データで測ることはできません。通学者数は、地図から周辺の学校をピックアップし、学校ごとの生徒数を調べて、合算することで算出できます。生徒数は、各学校のホームページや地方自治体のホームページを調べることで把握できます。

(6) 通勤者数

通学者と同様、人口の統計データから測れない情報として、通勤者数が挙げられます。特に大規模な企業や事務所の集積は、商圏内の顧客数や顧客層に与える影響が小さくありません。

これはホームページで町丁別の事業所数、従業員数を調べられる場合、概ねの通勤者数を算出することができます。事業所数のデータが得られなくても、地図上で商圏内にある具体的なビルや企業について、ホームページや実際の目視で従業員数や属性を調べることで、通勤者の情報をより正確に把握することができます。

(7) 集合住宅

集合住宅は居住者数が多く、商圏に大きな影響を与えます。居住者は、町丁別の人口統計データに包まれていますが、集合住宅について調べることで、より詳細な商圏人口の特徴が見えてきます。

例えば、店舗の隣に大きな集合住宅があれば、潜在顧客数は高く見積もる必要があります。ワンルームマンションが多ければ、単身者が多い可能性が高く、2LDK、3DKなどのマンションが多ければファミリー層が多いことが読み取れます。

最初に地図上の、商圏内の主な集合住宅をピックアップします。その上で、各住宅について居住世帯数、居住者数を調査します。具体的には集合住宅別のホームページを調べる、グーグルストリートビューで窓の数を数える、現地でポストの数を数えるなどの方法で部屋数を調べます。

空き部屋がある場合、部屋数と実際の居住世帯数に差異が生じます。そこで不動産関連のホームページで閲覧できる空き部屋情報や、目視による洗濯物や物干竿の有無の確認などによって、入居率を推測します。

部屋数に入居率を掛け合わせることで居住世帯数が明らかになります。その上で、ホームページ情報や部屋の規模に基づく予測によって、各集合住宅の世帯当たり人数を概算し、居住世帯数と掛け合わせることで居住者数を算出します。

図 4-18　集合住宅の調査結果の資料(例)

No.	名称	部屋数	入居率※	居住世帯数	世帯当たり人数	居住者数	店舗からの距離(m)
1	マンション1	38	0.8	30	2.0	61	300
2	マンション2	22	0.9	20	3.0	59	450
3	マンション3	34	0.9	31	2.5	77	300
4	マンション4	34	1.0	34	2.0	68	500
5	マンション5	49	0.8	39	2.0	78	450
6	マンション6	28	0.7	20	2.0	39	250
7	マンション7	20	0.9	18	2.0	36	700
8	マンション8	30	0.8	24	2.0	48	450
9	マンション9	5	0.9	5	1.6	7	200
10	マンション10	24	0.8	19	3.0	58	400
11	マンション11	8	0.7	6	1.5	8	400
12	マンション12	4	0.8	3	1.5	5	300
13	マンション13	4	0.9	4	1.5	5	300
14	マンション14	6	0.8	5	1.5	7	500
15	マンション15	6	0.9	5	1.5	8	500
16	マンション16	4	0.9	4	1.5	5	150
17	マンション17	28	0.8	22	1.5	34	550
18	マンション18	16	0.9	14	1.5	22	550
19	マンション19	36	0.9	32	1.0	32	50
20	マンション20	38	0.8	30	1.5	46	50

※入居率は推測値

section 8　プライス・プレイスのマーケティング・リサーチ

立地調査①（目視調査）

　商圏調査によって商圏が把握できたら、立地調査で実際の立地状況について調べましょう。商圏調査だけでは読み取れない情報や、商圏調査を補完する情報が見えてきます。
　立地調査で最も重要なのが、現場での目視調査です。

(1) 目視調査の重要性
　商圏調査による定量情報に加え、定性的な情報を収集し分析することで、より正確な立地情報を得られます。
　例えば、人口の統計データ上は２０代の女性の比率が高くても、調査店舗の周辺については６０代の女性の比率が高いといったことが起こります。
　また、調査店舗の近くに大きなオフィスビルがあり集客が見込めそうでも、電車が頻繁に通る踏切が間にあるために、顧客が流れてこないといったことも考えられます。
　目視調査の際に確認しておきたい商圏についての要素は、以下のとおりです。
①商圏が分断されていないか
　鉄道の線路、河川、大きな道路によって、ある地域からの集客が遮断されることを「商圏の分断」といいます。
②商圏が交差していないか
　調査店舗の商圏と競合店の商圏の一部が交わっていて、顧客を取り合っていることを、「商圏の交差」といいます。

③商圏が重層していないか

　大きな店舗の商圏の中に、小さな店舗の商圏が含まれていることを、「商圏の重層」といいます。

　商圏調査と実状況との相違によって、販売予測や品揃え、店舗レイアウトなどが、実際に来店する顧客数や顧客層とミスマッチにならないように、目視調査を活用します。

(2) 目視調査のチェックポイント

　目視調査の主なチェックポイントとして、交通手段、人が集まる場所、人の動線、人の視界性が挙げられます。

①交通手段

　その地域の人の交通手段のことです。一般的に、都市部では歩行者が多く、郊外では車が多くなる傾向があります。徒歩が中心か、車が中心かによって有効な立地は大きく異なります。例えば、車が中心であれば、自店や近隣に駐車場がない店舗は良い立地といえません。

②人が集まる場所

　多くの人々が集まり、出入りする施設や場所の付近は、集客が見込める良い立地といえます。具体的には、鉄道・地下鉄の駅、大型商業施設、大型交差点、大公園などが挙げられます。平日は人が少なくても、休日にはたくさんの人々が訪れる場所もあります。このように、曜日や時間帯によっても人が集まる場所は変化するため、注意が必要です。併せて、どのような人が集まっているか、確認することも重要です。

③人の動線

　人々が集まる場所を繋ぐ道は、人の流れが多くなる傾向があります。一般的にその道を「動線」と呼びます。例えば、電車の駅から人気の商業施設までの道路などが該当します。店舗が動線上にある場合、良い立地といえます。また、動線は交通手段によっても、大きく異なります。

徒歩では通れる道路でも、車では一方通行によって通れないため、動線になっていないということも考えられます。

④視界性

人々が歩きながら、自然な視線で目に入る風景は重要です。たとえ動線上に店舗があっても、看板が人の自然な視界では捉えられない高さにあるために目立たないという場合もあります。

(3) 目視調査の手順

目視調査の手順は次ページの図4-20のとおりです。

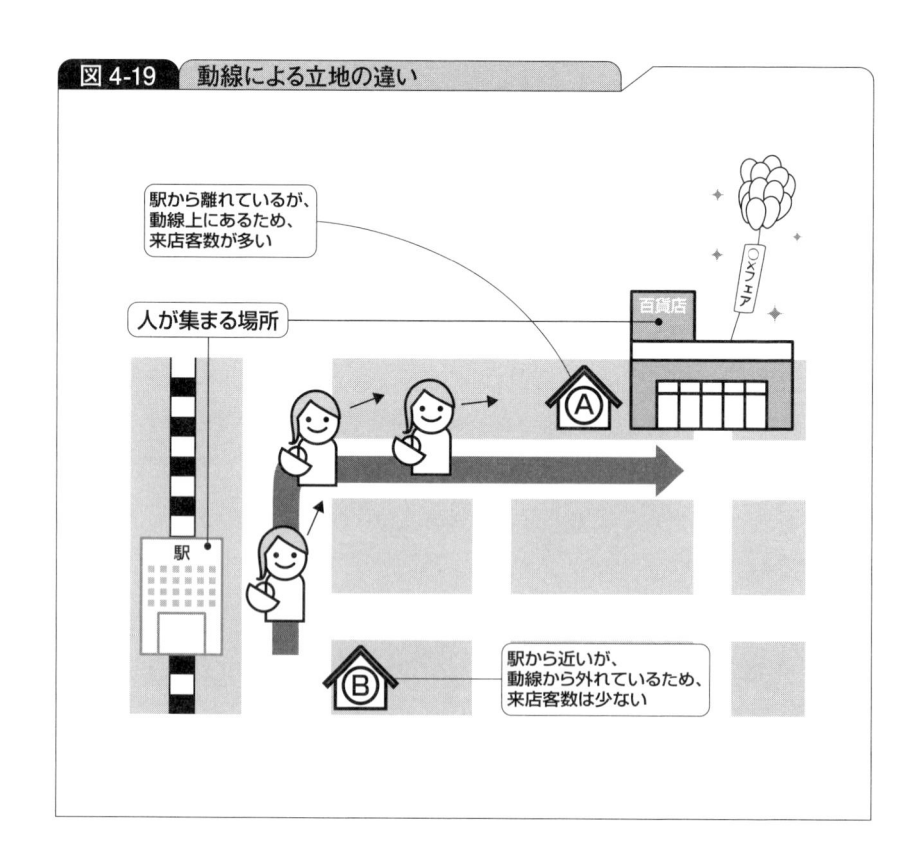

図 4-19　動線による立地の違い

- 駅から離れているが、動線上にあるため、来店客数が多い
- 人が集まる場所
- 駅から近いが、動線から外れているため、来店客数は少ない

(4) 目視調査の活用（スーパーマーケットの事例）

ある都市部のスーパーマーケットについて、目視調査を実施したところ、統計データや地図の情報からは読み取れない変化が起きていました。

店舗に向かって歩いてくる人で、建設現場の作業員の人の割合が多かったため調べたところ、調査店舗の周辺で3つのマンションの建設が進んでいたのです。そのうちひとつの建設現場は、調査店舗のすぐ裏にありました。そこでボリュームがある弁当類を多く仕入れ、昼の11時30分から店舗入口で販売したところ、作業員の人の来店が増え、売上が増加しました。

建設現場の作業員の人が多いという情報は、統計データや地図だけではわかりません。実際に目視調査を行うことの重要性は、こうしたところにもあります。

図 4-20　目視調査の手順

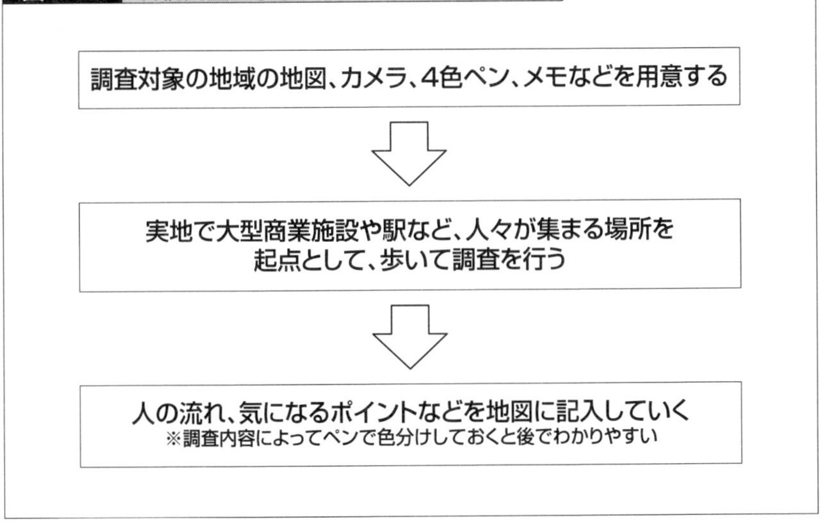

調査対象の地域の地図、カメラ、4色ペン、メモなどを用意する

⬇

実地で大型商業施設や駅など、人々が集まる場所を
起点として、歩いて調査を行う

⬇

人の流れ、気になるポイントなどを地図に記入していく
※調査内容によってペンで色分けしておくと後でわかりやすい

section 9　プライス・プレイスのマーケティング・リサーチ

立地調査②(通行客・来店客比率調査)

　実際の店舗の前の通行客数や店舗への来店客数を調べる方法として、通行客調査、来店客調査があります。通行客調査では、通行客数と併せて通行客の客層を調べます。来店客調査では、来店客数と客層を調べます。この２つの調査の結果を比較することで、機会損失の有無や調査店舗の顧客の特徴を知ることができます。
　ここでは、２つの調査を併せた「通行客・来店客比率調査」の実施方法を説明します。

(1) 通行客・来店客比率調査の概要
　通行客・来店客比率調査によって、主に以下のことが明らかになります。
①通行客数
　店舗の前を何人通行したか
②来店客数
　店舗に何人入店したか
③来店客比率
　店舗の前の通行客のうち、何人入店したかの割合
④通行客の特徴
　通行客の性別や年齢、職業などの特徴
⑤来店客の特徴
　来店客の性別や年齢、職業などの特徴
⑥性別、年齢別の比率

通行客、来店客の性別、年齢別の割合

(2) 調査の手順

調査の手順は図4-21のとおりです。

①調査対象を設定する

　調査店舗の他に、近隣の競合店を調べると、各店舗の顧客からの支持の度合や顧客層について把握することができます。

②調査時間を設定する

　調査の日時について設定します。調査する曜日や時間帯によって、結果は大きく異なります。一般的には朝、昼、夜の1時間ごとに調べるなど、特徴があると考えられる時間帯に実施します。

③記入フォーマット（図4-22）を作成する

　記入フォーマットは、「正」の字で人数を記入していく方式が一般的です。来店したか、しなかったかを分けて記入することで、通行客数と

図4-21　通行客・来店客比率調査の手順

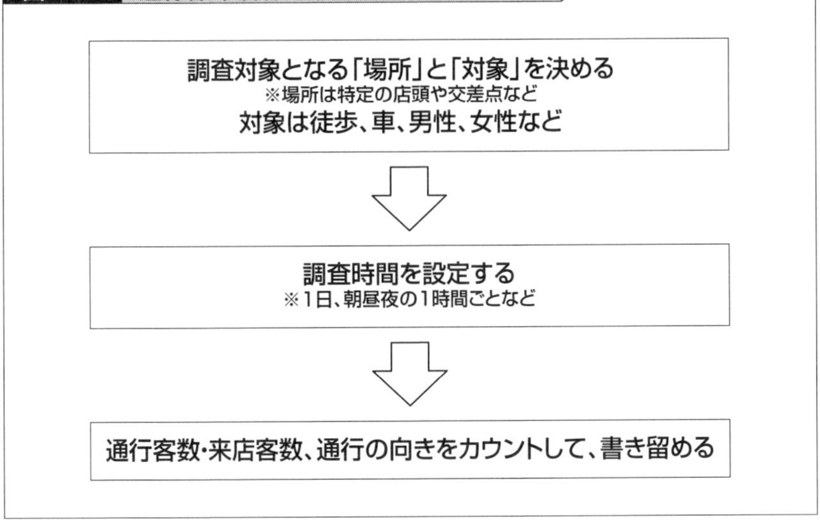

調査対象となる「場所」と「対象」を決める
※場所は特定の店頭や交差点など
対象は徒歩、車、男性、女性など

⇩

調査時間を設定する
※1日、朝昼夜の1時間ごとなど

⇩

通行客数・来店客数、通行の向きをカウントして、書き留める

来店客数の両方を調べることができます。

またその際に、性別、年齢、駅から来たのか駅へ向かうのかなどの通行の方向、ＯＬ・サラリーマン・学生・主婦などの職業を目視で判断し、分けて記入することで、通行客の特徴をつかむことができます。

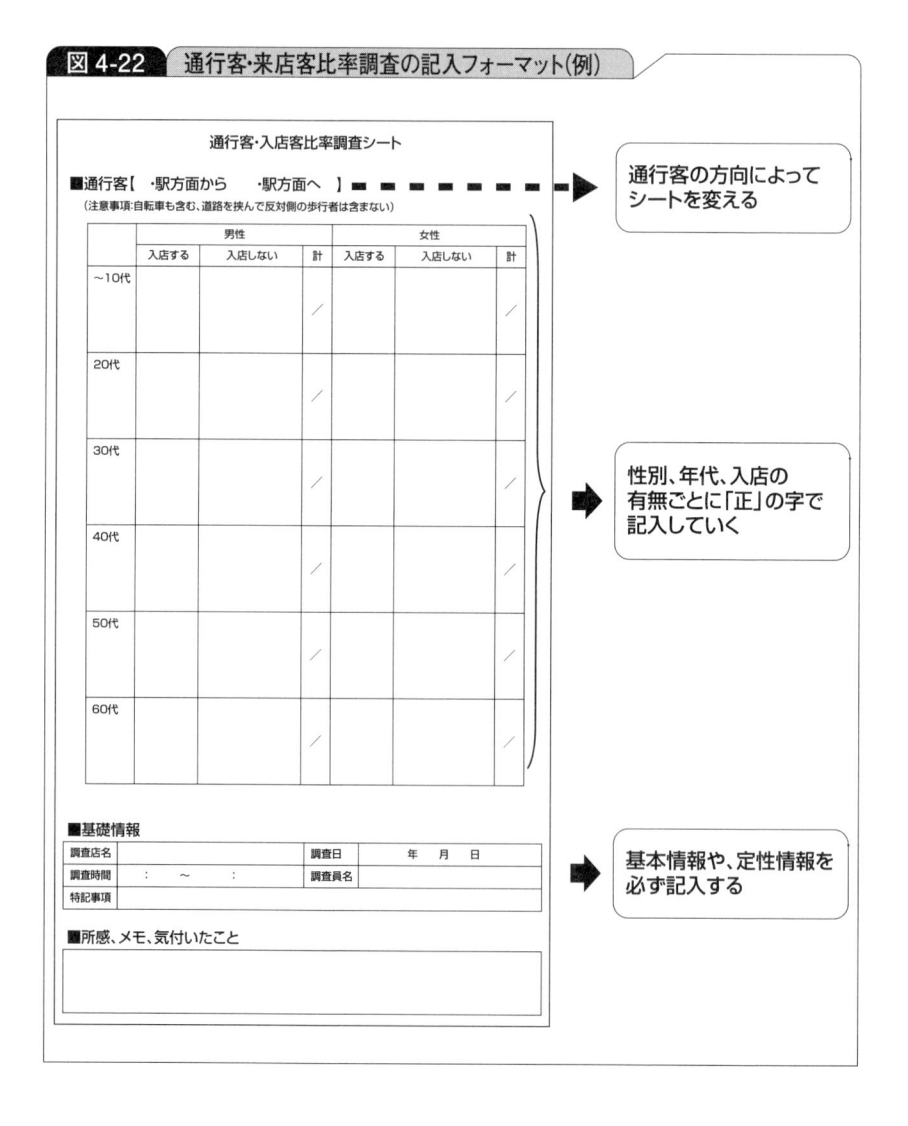

図4-22　通行客・来店客比率調査の記入フォーマット(例)

通行客・入店客比率調査シート

■通行客【　・駅方面から　・駅方面へ　】　→　通行客の方向によってシートを変える
(注意事項:自転車も含む、道路を挟んで反対側の歩行者は含まない)

	男性			女性		
	入店する	入店しない	計	入店する	入店しない	計
～10代			/			/
20代			/			/
30代			/			/
40代			/			/
50代			/			/
60代			/			/

→ 性別、年代、入店の有無ごとに「正」の字で記入していく

■基礎情報

調査店名		調査日	年　月　日
調査時間	：　～　：	調査員名	
特記事項			

→ 基本情報や、定性情報を必ず記入する

■所感、メモ、気付いたこと

(3) 通行客・来店客比率調査の留意点

　通行客数が多い店舗の調査や、競合店と同じ時間帯の調査の場合、複数名で実施する必要があります。その場合、正確な数値を記録するために、細かいルールを決めることが必要です。自転車は対象にするのか、店舗の正面の横断歩道を渡ってきた顧客はどのようにカウントするか、などあらかじめ決めておきましょう。

　また、客数や性別、年齢などの情報を調べると同時に、気づいた点も記入することがポイントです。「店舗の入口で引き返す人がいた」「店舗の前を待ち合わせに使っている人がいた」など、数値には表れない現場の情報は非常に重要ですので、しっかりと書き留めましょう。

(4) 通行客・来店客比率調査の活用（コンビニエンスストアの事例）

　ある都市部の駅周辺のコンビニエンスストアで通行客を調べたところ、面白いことがわかりました。それまで、オフィス街であるため男性客が多いと考えられていましたが、夕方の帰宅時だけは店舗の前を駅方向から歩いてくる女性客の数値が高くなっていたのです。

　その街は、昼間はオフィス街として他の地域から人が集まっていました。しかし夜間は、他の地域から女性が帰宅するという性質も持っていたのです。そのデータを基に、注意深く周辺を目視調査してみると、女性が住むのに最適な、オートロックを備えたワンルームマンションが多いことがわかりました。

　店舗の前を通っている女性は、ひとり暮らしである可能性が高いのです。そこで、ひとり暮らしの女性向きにデザートや手軽に食べられるひと口サイズのロールケーキ類などを増やしたところ、20代、30代の女性の来店客数がアップしました。

　このように、通行客・来店客比率調査を上手に活かすことで、自店の客数アップを図ることができます。

section 10　プライス・プレイスのマーケティング・リサーチ

来店客調査①（新製品の価格）

　新製品を市場に導入する際の価格の設定は重要です。どの程度の価格ならば顧客に受け入れられるのかを把握する必要があります。

　価格設定に有効な情報源は、実際に来店する顧客の意見です。そこで来店する顧客への店舗アンケート調査、店舗ヒアリング調査について説明します。

(1) 店舗アンケート調査

　店舗アンケート調査の手順は図4-23のとおりです。

　店舗アンケート調査で最も重要になるのが、アンケート項目の設計です。調査の目的は何か、それを聞き出せる項目になっているかに留意して、設計します。

　調査の目的が、新製品の適正価格の場合、右ページ下のような質問が有効になります。

(2) 店舗ヒアリング調査

　店舗ヒアリング調査の手順は、図4-24のとおりです。

　店舗ヒアリング調査で最も重要になるのが、ヒアリング項目の設計と調査時に臨機応変に対応することです。ヒアリング項目はアンケート項目と同様、あらかじめ設計します。

　ヒアリング項目をひととおり聞きながら、特にポイントとなる自由意見を掘り下げて聞くことが重要です。ヒアリング調査に臨む調査員の留意点は142ページのとおりです。

図 4-23　店舗アンケート調査の実施手順

```
┌─────────────────────────────────────┐
│   アンケート調査実施の目的を明確にする        │
│   目的に沿って、アンケート項目を設計する      │
│   アンケート調査の実施方法を計画する         │
│   ※入店から退店までのどのタイミングで実施するか、│
│   アンケートに答えてくれた人へのインセンティブなど │
└─────────────────────────────────────┘
                    ⇩
┌─────────────────────────────────────┐
│   アンケート調査票を作成し、テストを行う      │
└─────────────────────────────────────┘
                    ⇩
┌─────────────────────────────────────┐
│   アンケート調査実施の時期、目的、内容について、│
│   店舗の従業員に十分な説明を行い、実施する    │
└─────────────────────────────────────┘
                    ⇩
┌─────────────────────────────────────┐
│   アンケート調査結果を集計し、適宜分析する    │
└─────────────────────────────────────┘
```

【新製品の適正価格を探索する質問例】

Q1　○○新製品を使った感想をお聞かせください

　　A－非常に良い　B－良い　C－普通　D－あまり良くない

　　E－まったく良くない

Q2　(Q1でA、B、Cと答えた方)

　　○○新製品を購入しても良い価格をお聞かせください

　　A－20,000円以上　　　B－15,000～19,999円

　　C－10,000～14,999円　D－5,000～9,999円

　　E－5,000円未満　　　　F－購入しない

Q3　Q2の回答の理由を教えてください（自由回答）

図 4-24　店舗ヒアリング調査の実施手順

```
┌─────────────────────────────────────┐
│ ヒアリング調査実施の目的を明確にする         │
│ 目的に沿って、ヒアリングの対象者を明確にする  │
│ 目的に沿って、ヒアリング項目を設計する       │
│ ※アンケート調査よりもヒアリングできる対象顧客数は│
│ 　限られるため、「30代の女性」など明確に定める │
└─────────────────────────────────────┘
                   ▽
┌─────────────────────────────────────┐
│ ヒアリング調査記録票を作成し、テストを行う    │
└─────────────────────────────────────┘
                   ▽
┌─────────────────────────────────────┐
│ ヒアリング調査実施の時期、目的、内容について、│
│ 店舗の従業員に十分な説明を行い、実施する     │
└─────────────────────────────────────┘
                   ▽
┌─────────────────────────────────────┐
│ ヒアリング調査結果を集計し、適宜分析する     │
└─────────────────────────────────────┘
```

【店頭ヒアリング調査における調査員の留意点】

■ヒアリング項目に関する留意点
①ヒアリング調査項目の優先順位を確認しておく
②ヒアリング調査項目を上から順番に聞くことに固執しない
　話の流れで各項目を聞き出すよう心掛ける
③相手の反応を見て、好感触の項目について掘り下げる

■聞き方の留意点
①笑顔を心掛ける
②相槌やうなずきで、相手が話しやすい雰囲気をつくる
③自分が話し過ぎないように、気をつける
④必ず、感謝の気持ちを伝える

(3) 電話を使ったヒアリング調査（医療機器の事例）

　適正価格を探るアンケート調査やヒアリング調査は、企業間でも応用することが可能です。

　ベンチャー企業であるS社では、医療機器の新製品を開発しました。製品は特許に基づく革新的なものです。しかしS社は、医療機器の生産実績に乏しく、新製品をどの程度の価格で市場に導入したら良いか見当がつきません。そこで、顧客となる病院や診療所にヒアリング調査を実施しました。

　病院や診療所に対して、郵送でヒアリング項目を送付し、後日、電話でヒアリング調査を実施する形式をとりました。ヒアリング調査の結果、病院や診療所の医師から新製品の価格に対する意見やアドバイスを受けることができました。多くの意見は、S社が当初考えていた価格以上で販売しても、十分に商品価値があるというものでした。

　このように、一般的な製品でなく、価格設定が難しいケースほど、顧客へのヒアリング調査が効果を発揮するのです。

【S社が設定したヒアリング項目】

Q1　いくら位が妥当な価格だと思いますか？
　　（50万円・70万円・100万円・100万円以上）

Q2　患者さんのニーズ
　　（かなりある・ある・あまりない・ない）

Q3　将来のニーズ
　　（かなりある・ある・あまりない・ない）

Q4　この商品が発売されたら購入したいと思いますか？
　　（購入したい・購入を検討する・購入しない）

section 11　プライス・プレイスのマーケティング・リサーチ

来店客調査②（歩行動線調査）

　来店した顧客から情報を得るための方法のひとつに、観察調査があります。来店した顧客の動きや表情、態度を観察することで、さまざまな情報を得ることができます。
　最も一般的な観察調査のひとつに、歩行動線調査があります。
　顧客が、入店してから退店するまでにどのようなルートを通るかを把握することで、さまざまな対策に繋げることができます。

(1) 歩行動線調査の目的
　顧客が店舗に入店してから退店するまでの道筋を辿ることで、顧客がよく通っている通路、あまり通っていない通路が明確になります。また、顧客がよく立ち寄っているコーナー、あまり立ち寄っていないコーナーも明らかになります。
　このように、歩行動線調査の目的として一般的なものは、店内の動線や立ち寄り率を明確にすることです。

(2) 主動線と副動線
　顧客の動線を考える際に重要になるのが、主動線と副動線の考え方です。
　店舗では、出店の際に顧客の主動線と副動線を次ページ上表のように計画します。

【主動線と副動線】

	定義	幅
主動線	店舗で多くの顧客が通るメインとなる通路のことをいう。コンビニエンスストアでは、顧客の通過率が高いところで70～80％あるといわれている	900～1,500mm
副動線	主動線よりも顧客の通過率が低い通路。コンビニエンスストアでは15～30％程度といわれている	600～900mm

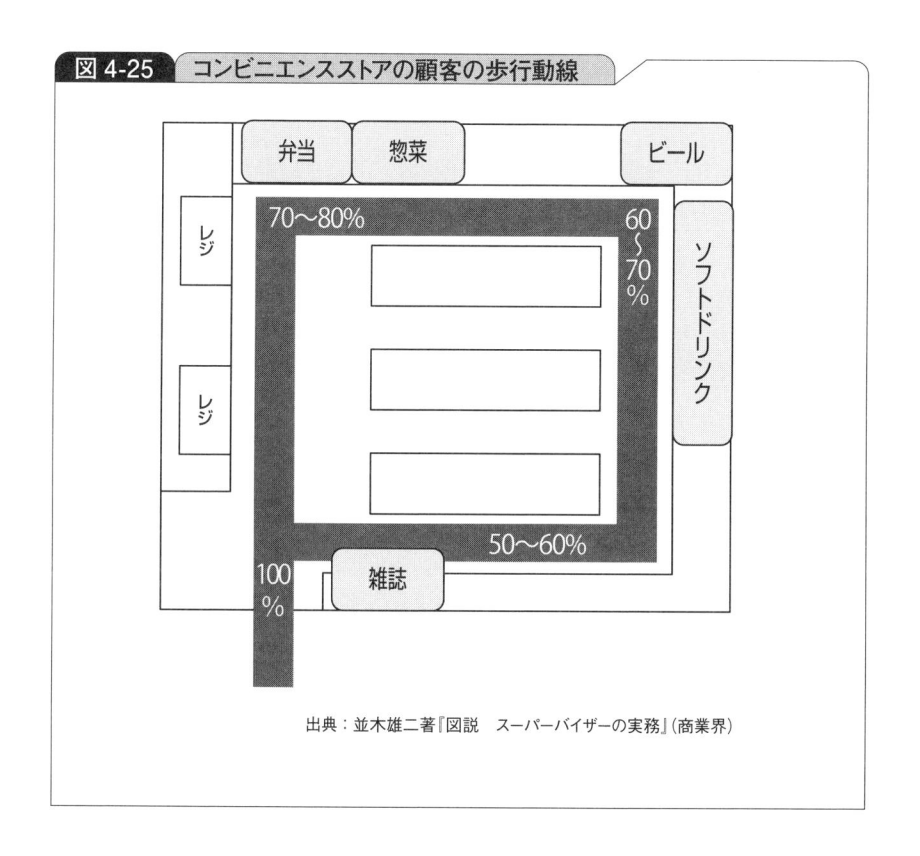

図4-25　コンビニエンスストアの顧客の歩行動線

出典：並木雄二著『図説　スーパーバイザーの実務』(商業界)

(3) 歩行動線調査の実施手順

歩行動線調査の実施手順は図4-26のとおりです。

立ち寄り率は捉え方によって異なりますが、一般的には、「売場に立ち寄った人数÷総来店客数」で算出します。立ち寄り率を算出した後、立ち寄り率によってレイアウト図面を色分けすることで、顧客の立ち寄りの傾向を視覚的に捉えることができます。

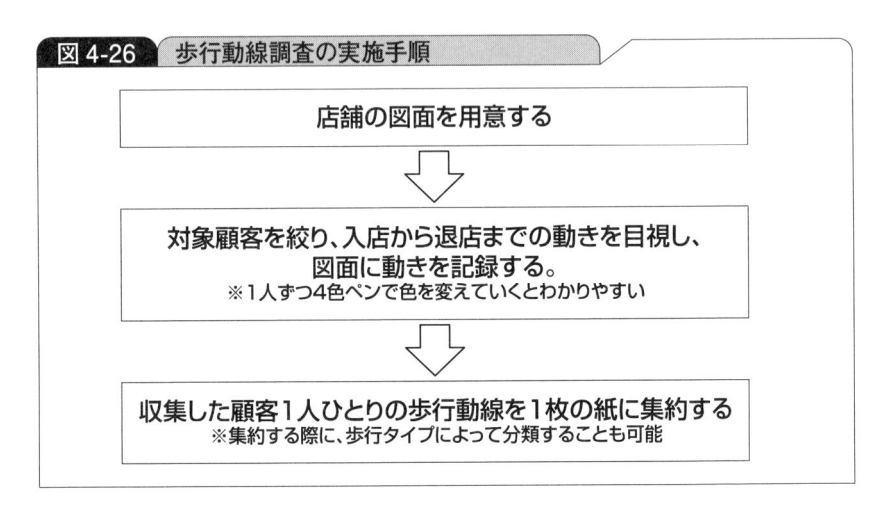

図4-26 歩行動線調査の実施手順

```
┌─────────────────────────────┐
│      店舗の図面を用意する       │
└─────────────────────────────┘
               ↓
┌─────────────────────────────┐
│ 対象顧客を絞り、入店から退店までの動きを目視し、 │
│         図面に動きを記録する。         │
│  ※1人ずつ4色ペンで色を変えていくとわかりやすい  │
└─────────────────────────────┘
               ↓
┌─────────────────────────────┐
│ 収集した顧客1人ひとりの歩行動線を1枚の紙に集約する │
│  ※集約する際に、歩行タイプによって分類することも可能  │
└─────────────────────────────┘
```

(4) 調査結果の活用

では、把握した実際の動線や立ち寄り率を、自店で活用するにはどうしたら良いでしょうか。

①動線調査の結果の活用

一般的には、「顧客動線が長いほど売上高が向上する可能性が高まる」とされています。そこでマグネットポイント（目立つコーナーなど）の工夫で、動線を伸ばす対策を考えることが重要です。

②立ち寄り率の活用

立ち寄り率の調査結果から、立ち寄り率が低いコーナーの対策を考えることが重要です。

図 4-27　歩行動線調査の結果(例)

図 4-28　立ち寄り率の調査結果(例)

■ 立ち寄り率10％以上
■ 立ち寄り率5％以上
■ 立ち寄り率5％未満
□ 立ち寄り率3％未満

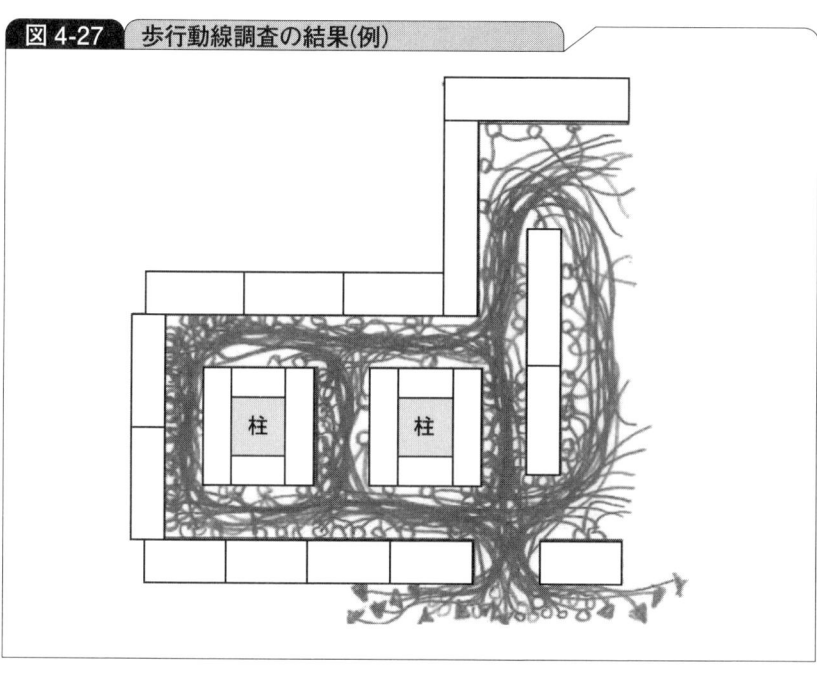

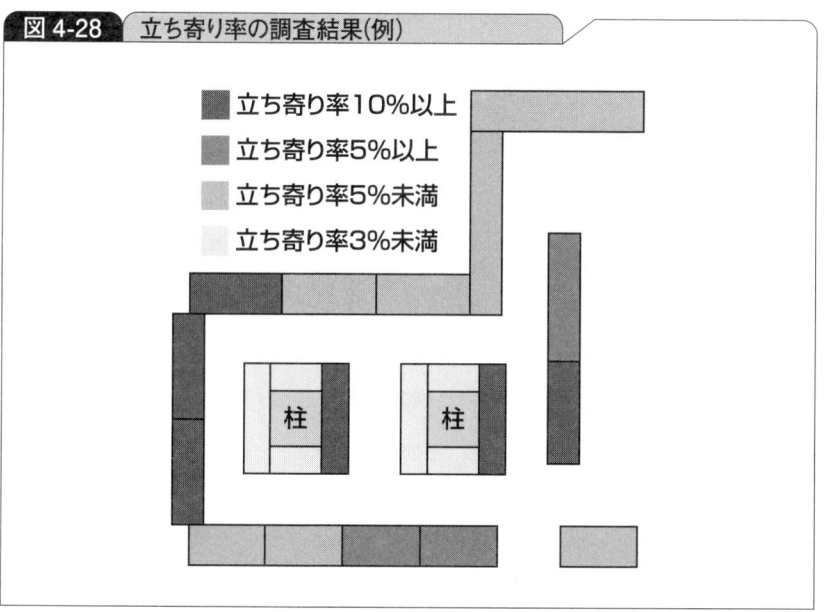

PART 4　プライス・プレイスのマーケティング・リサーチ

- section 1　プロモーションのマーケティング・リサーチの概要
- section 2　マス4媒体広告のリサーチ
- section 3　インターネット広告のリサーチ①
- section 4　インターネット広告のリサーチ②
- section 5　セールス・プロモーションのリサーチ
- section 6　RFM分析

PART 5

プロモーションの
マーケティング・リサーチ

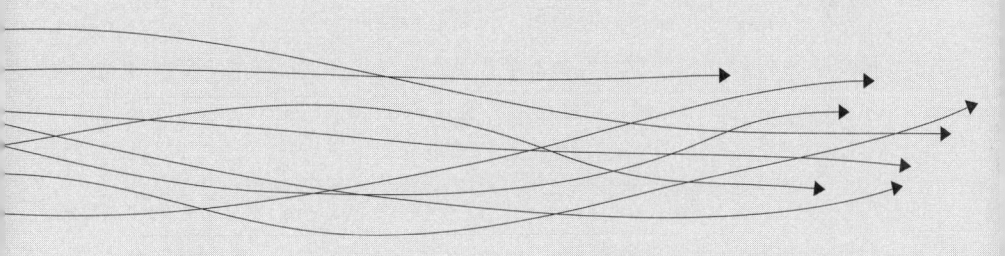

効果的な広告で売上アップを図る!
マス媒体、インターネット広告による
プロモーションの効果測定方法を理解する

section 1　プロモーションのマーケティング・リサーチ

プロモーションの
マーケティング・リサーチの概要

　現代に生きる私たちは、一日中メディアに接触しています。テレビ、新聞、雑誌、ラジオのマス4媒体はもちろんですが、携帯電話やPC、スマートフォンもマス4媒体に勝るとも劣らないメディアです。鉄道の車内広告、繁華街の屋外広告、街角で配られるティッシュペーパーもメディアといえるでしょう。

　店頭で商品をすすめる販売員、目新しい情報を教えてくれる知人らも情報伝達の仲立ちとなるものと考えると、メディアの一種といえます。

　PART5では、メディアを利用したマーケティング・リサーチを紹介します。

(1) プロモーションの概要

　プロモーションとは、商品の長所を伝え、顧客にそれを買ってもらうように説得する活動です。とても範囲が広い活動ですが、大きく分けると「広告活動」「広報活動」「セールス・プロモーション」「人的販売」となります。例えば、自動車会社が新型車を発売するケースを考えてみましょう。まず、新型車のコンセプトに合う良いイメージをテレビCMで伝え、新聞広告では改善した燃費データや性能、低金利ローンなどを伝えます。新聞社や自動車雑誌にプレスリリースを送り、特筆すべき特長を経済記事として掲載してもらえるよう働きかけます。ディーラーの販売員は店舗に来た見込客に対し、新型車がいかにすばらしく、顧客のライフスタイルに合うかを説明し、購買につなげます。

　最近では、ホームページやツイッターで顧客の意見を集め、口コミを

意図的に発生させることもあります。さらに、新型車を購入した顧客を会員化し、有益な情報を提供したり顧客同士の交流の場を設けたりすることで、ロイヤルティが高く、買い替えのたびに自社の自動車を乗り続けてくれる顧客を組織化します。

(2) プロモーション戦略のためのマーケティング・リサーチ

プロモーションを実施する場合、コストを無視した計画を立てることはできません。図5-01の「日本の広告費」を見ると、総広告費は2008年以降、減少しています。ここでの広告費には、セールス・プロモーションも含まれます。2010年の中小企業白書によると、日本の経済は2007年11月から後退局面に入りました。そして、みなさんもご存知のリーマン・ショックを契機に世界同時不況に陥りました。

広告費の減少と経済不況は関連しています。しかし、広告費が少ない

図 5-01　日本の広告費

	2007年	2008年	2009年	2010年	2011年
新聞	9,462	8,276	6,739	6,396	5,990
雑誌	4,585	4,078	3,034	2,733	2,542
ラジオ	1,671	1,549	1,370	1,299	1,247
テレビ	19,981	19,092	17,139	17,321	17,237
インターネット	6,003	6,983	7,096	7,747	8,062
総広告費	70,191	66,926	59,222	58,427	57,096

単位:億円　（総広告費は合計とは異なる）　出典:電通　2011年日本の広告費

から効果も小さくても良いということにはなりません。コストを低減させながらも、効果を維持（できれば向上）するために、マーケティング・リサーチを活用することが必要になります。

　プロモーションの目的は売上を伸ばしたり、認知度を上げることにあります。プロモーションの結果は数字となって表れるので、当初の計画のとおりの結果であったかどうかをリサーチ、分析することで、次の戦略策定に活用できます。

(3) 広告費の設定

　広告戦略を考える場合、広告予算額は重要な要素です。広告予算の設定方法には、経営判断で決定する主観的方法と、売上高や利益に対する比率で設定する定率的方法、売上目標を達成するために必要な広告費を見積もって設定するタスク法、「広告費と効果の関係は限界効用が逓減していく」という前提に立って広告予算を決める限界分析法があります。

　広告の効果は、競合他社との相対的な量で決まる側面もあるため、他社の動向を探ることは重要です。

　次に、主観的方法の中の競争者対抗法と競争者比率法を用いて、自社の広告費を設定するための方法を紹介します。

①競争者対抗法と競争者比率法

　競合他社の動向をもとに予算を設定する方法に、競争者対抗法と競争者比率法があります。競争者対抗法は、競合他社の広告予算額や支出額をもとに自社の予算額を設定する方法です。競争者比率法は、競合他社の対売上高広告比率や広告費を基準とし、同比率もしくは、それに対抗できるだけの予算を設定する方法です。

　しかしこの方法には、競合他社が自社と同じ広告戦略をとっているとは限らないので、単純に数値だけでは比較できないというデメリットも

あります。

②競合他社の広告費の調査

競合他社の広告費は、有価証券報告書を調べることでわかります。例としてビール各社を見てみましょう。売上高に対する広告宣伝費は3％台後半で、ほぼ同じであることがわかります。しかし、売上高に対する販売促進費は、サッポロが他の2社に比べて低くなっています。セールス・プロモーションに対する戦略が他社と違う可能性があります。

次に大手建設会社を見てみましょう。売上高に対する広告宣伝費は多くて0.1％ほどです。業界によって売上高に対する広告宣伝費の水準は大きく違います。そこでまずは、自社の属する業界の水準を調査することから始めます。一般的に、BtoC業界の売上高対広告宣伝費比率の水準は高く、BtoB業界は低い傾向があります。

図 5-02　広告費の調査

ビール会社の広告費　　　　　　　　　　（単位：百万円）

	キリン	アサヒ	サッポロ
売上高	1,861,164	1,464,071	449,011
広告宣伝費	69,075	51,210	17,371
売上高対広告宣伝費比率	3.71%	3.50%	3.87%
販売促進費	181,475	156,872	35,862
売上高対販売促進費比率	10.08%	10.71%	7.99%

大手建設会社の広告費　　　　　　　　　（単位：百万円）

	清水建設	鹿島建設	大林組
売上高	1,411,868	1,224,411	1,057,601
広告宣伝費	1,521	607	597
売上高対広告宣伝費比率	0.11%	0.05%	0.06%

出典：各社有価証券報告書を基に作成

section 2　プロモーションのマーケティング・リサーチ

マス4媒体広告のリサーチ

　マスコミュニケーション・メディアのうち、テレビ、新聞、雑誌、ラジオはマス4媒体と呼ばれます。マス4媒体広告の効果測定の指標には、広告インパクト効果（広告の認知、商品イメージがどのように変化したか）、ブランディング効果（広告によってブランドへの評価にどのくらい影響を与えたか）、態度変容効果（どのくらい購入しても良いと思わせたか）の3つがあります。ここでは、これらの指標と、テレビ、新聞の効果測定について紹介します。

(1) 3つの広告効果測定指標
①広告インパクト効果

　広告インパクト効果は、広告を見たかどうか、好感度はどの程度かを、主にアンケートによって調査し、認知率や純粋想起、助成想起などの指標で測定します。

　純粋想起とは、例えば、「自動車で思いつくメーカーは？」と聞いたときに回答されるものです。助成想起とは、あらかじめ自動車メーカーをリストアップしておき、「知っている自動車メーカーは？」と質問し、想起してもらう方法です。純粋想起に比べると、与える情報によって回答を誘導してしまうおそれもあります。

②ブランディング効果

　ブランディング効果を測定するには、広告によって、どのくらいブランドが理解されたかを調査します。これにはブランドの特徴やイメージを選択肢から選ばせる方法がとられます。競合他社との違いを調査する

ことも必要です。

③態度変容効果

　態度変容効果を測定するには、ブランドの印象や購入意向といった消費者の心理態度が、広告を見たことでどう変化したかを調査します。これは「購入したい自動車メーカーは？」という質問で購入意向率を測定します。広告前と広告後の売上を比較することも必要です。

(2) テレビCMの効果測定

①視聴率の概要

　テレビCMには、番組提供のタイムCMと、番組と番組の間に放映さ

図5-03　広告効果測定の質問項目(例)

広告インパクト効果測定の質問例

◆純粋想起
この1ヵ月間で、広告を見た記憶がある自動車メーカーを3つ教えてください
【　　　　　】【　　　　　】【　　　　　】

◆助成想起
この1ヵ月間で、広告を見た記憶がある自動車メーカーを選択してください(いくつでも)
□Aメーカー　□Bメーカー　□Cメーカー　□Dメーカー　□Eメーカー

ブランディング効果測定の質問例

AメーカーとBメーカーのブランドのイメージに当てはまるものについて、下記の選択肢から選んでください(いくつでも)
Aメーカー⇒　□①　□②　□③　□④　□⑤　□⑥　□⑦　□⑧
Bメーカー⇒　□①　□②　□③　□④　□⑤　□⑥　□⑦　□⑧
①シルエットが美しい　②カラーが豊富　③イメージが良い　④安全性に信頼がおける
⑤流行をリードしている　⑥環境に優しい　⑦親しみやすい　⑧値段が手ごろ

態度変容効果測定の質問例

購入を検討している自動車メーカーを3つ教えてください
【　　　　　】【　　　　　】【　　　　　】

れるスポットＣＭがあります。テレビＣＭの広告指標として、視聴率はよく知られています。主にビデオリサーチ社の視聴率が指標として用いられています。

視聴率からは、番組を見た世帯数と人数を推定することができます。ビデオリサーチ社によると、調査エリア内推定自家用テレビ所有世帯数と４歳以上の人口データを利用しており、関東地区の場合、世帯視聴率１％は約17万8千世帯、個人視聴率１％は約40万6千人と推定できます（2011年10月現在）。

②視聴率の利用

タイムＣＭは視聴率によって効果測定されますが、スポットＣＭの効果測定の指標としては、ＧＲＰがよく使われます。ＧＲＰとは「Gross Rating Point」の略で、延べ視聴率ともいいます。ＧＲＰの数値が大きいほど、多くの視聴者にＣＭが届いたことになります。

例えば、テレビ局が1000ＧＲＰのテレビＣＭを受注した場合、視聴率20％であれば50回放送すればいいのですが、5％の場合は200回放送しなければなりません。日本民間放送連盟により、テレビＣＭの総量は１週間の放送時間の18％以内と決められているため、テレビ局にとって、視聴率は非常に重要なのです。

ＧＲＰは、どのくらい多くの消費者にメッセージが伝わったかを測定する他に、小売店での棚割の優先度を上げる対策として用いられることもあります。その場合は、自社と競合他社のＧＲＰを比較し、卸、小売店に対し、いかに自社商品のＧＲＰが大きいかをアピールします。

(3) 新聞広告の効果測定

新聞広告の効果指標で最も重視すべきなのは発行部数です。日本ＡＢＣ協会が新聞各社の部数を公査し、公表しています。この部数と新聞各社が発表している回読率(1部の新聞を何人が読んでいるか)を乗じると、

リーチできる読者数をある程度推測できます。しかし、新聞が読者まで届いても広告が見られたことにはなりません。広告がどのくらい見られたかは、広告注目率、広告接触率によって調査します。

広告注目率および広告接触率とは、日本新聞協会によると、特定日の特定の広告をどの程度見たかを示す指標です。

この調査は調査対象者が手元の新聞を見ながら回答する再認法で行われ、調査対象とする紙面が確認できる状態にあることを条件に、特定媒体が到達している人で、その日の新聞を読んだと答えた人に尋ねます。「確かに見た」「見たような気がする」「見た覚えがない」の3択です。新聞協会の「広告調査分類基準」では、新聞を読んだ人のうち「確かに見た」と答えた人の比率を「広告注目率」、「確かに見た」「見たような気がする」と答えた人の比率を「広告接触率」としています。

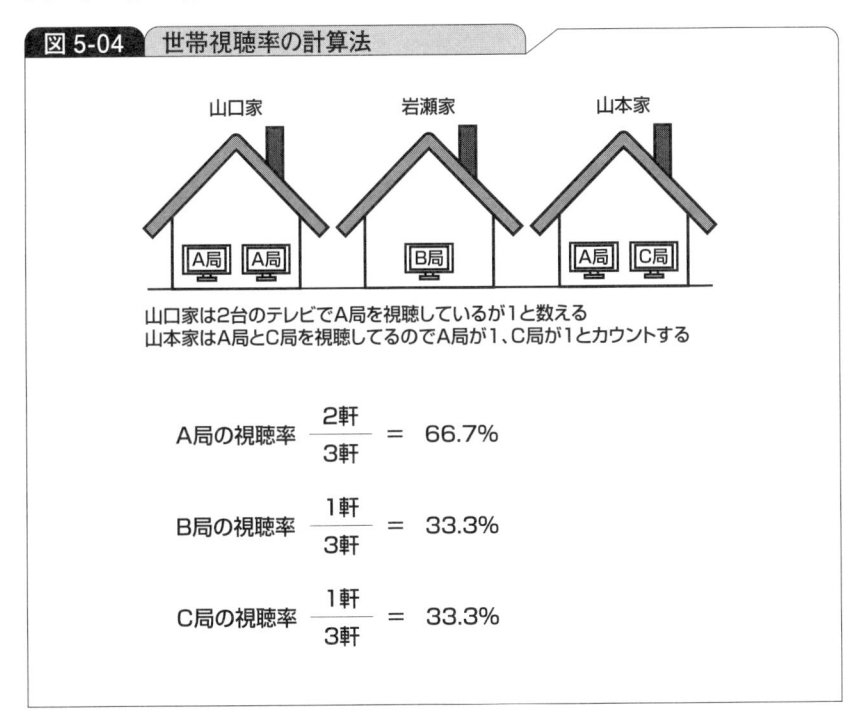

図 5-04　世帯視聴率の計算法

山口家　岩瀬家　山本家

山口家は2台のテレビでA局を視聴しているが1と数える
山本家はA局とC局を視聴してるのでA局が1、C局が1とカウントする

A局の視聴率　$\dfrac{2軒}{3軒}$ ＝ 66.7%

B局の視聴率　$\dfrac{1軒}{3軒}$ ＝ 33.3%

C局の視聴率　$\dfrac{1軒}{3軒}$ ＝ 33.3%

section 3　プロモーションのマーケティング・リサーチ

インターネット広告のリサーチ①

　電通のニュースリリースによると、2009年にインターネット広告の売上が新聞広告を上回りました。インターネットが一般的になってから10数年であることを考えると、驚異的な成長率です。

　インターネット広告は、これまでのマス4媒体の広告と決定的な違いがあります。それは広告効果を正確に計測できる双方向性です。この特長をうまく利用することが、広告効果を上げるポイントになります。

　インターネット広告効果を高めるためには、正確に効果を測定した上で、うまく活用していくことが求められます。このsectionでは、インターネット広告を活用したマーケティング・リサーチについて、効果測定方法と活用方法を紹介していきます。

(1) インターネット広告の特徴

　インターネット広告の効果は、インプレッション効果とトラフィック効果、レスポンス効果に大別されます。インプレッション効果は、人々がウェブサイトを見たときに露出した広告を見ることです。マス4媒体の効果に近い効果です。広告が露出した回数に応じて費用が発生します。主にブランディングを目的とした広告に用いられます。

　トラフィック効果は、人々が興味を持った広告をクリックし、広告主のサイトに誘導する効果です。マス4媒体の広告を見て、実際の店舗に足を運ぶイメージです。クリックは、非常にわかりやすいユーザーの行動です。

　レスポンス効果は、「購買行動の促進」に目的を置いた展開です。具

体的には、広告主のサイトに行き、商品購入やサンプルの請求をすることです。投下した広告予算に対しての収益が正確に把握できるため、効果測定が容易です。

しかし、効果を上げようとすると、対象とするユーザーが絞り込まれすぎる場合があります。認知度向上のため、インプレッション効果もバランスよく組み合わせる必要があります。

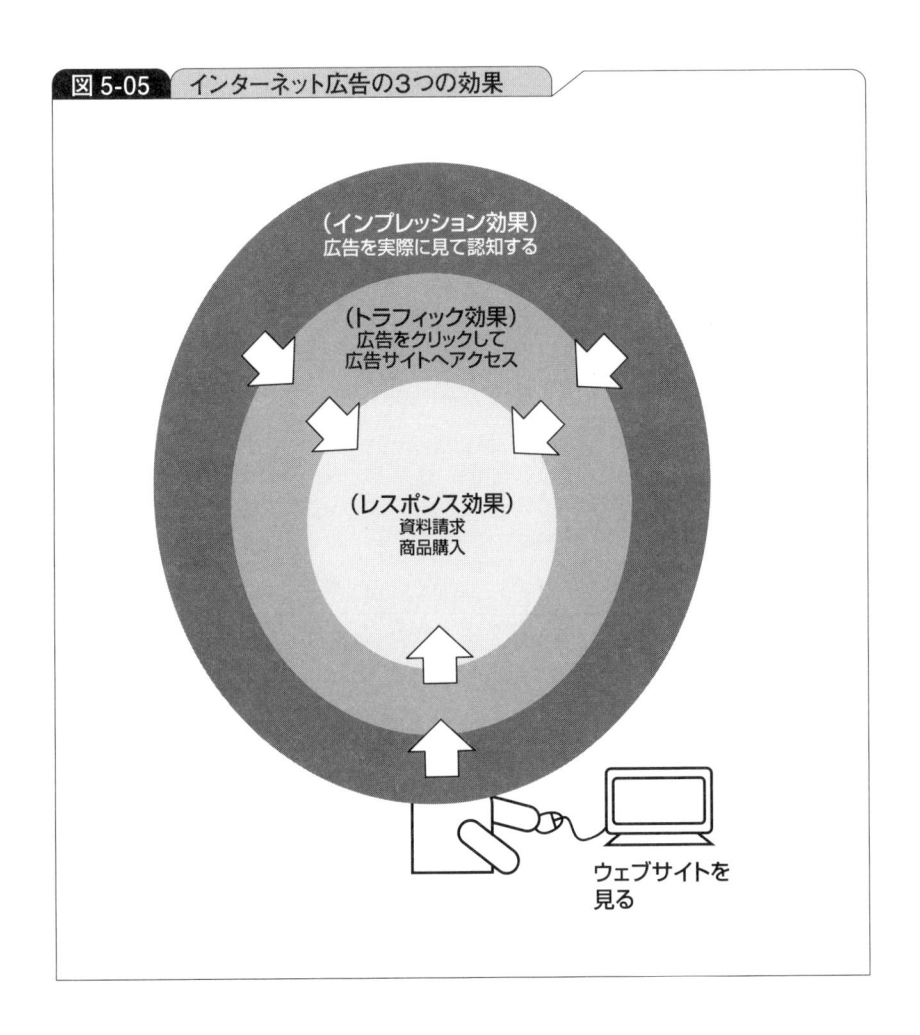

図 5-05　インターネット広告の3つの効果

- （インプレッション効果）広告を実際に見て認知する
- （トラフィック効果）広告をクリックして広告サイトへアクセス
- （レスポンス効果）資料請求　商品購入

ウェブサイトを見る

(2) インターネット広告効果の測定指標
①インプレッション効果
　インプレッション数は、媒体社から掲載レポートとして提出されるので、正確な数字を把握できますが、インプレッション効果は実数データを取得できないため、アンケートによる調査を行います。これは広告に接触したユーザーと、接触していないユーザーに対して認知度を調査します。それぞれの認知度を比較すると、広告によってどのくらい上昇したかがわかります。

②トラフィック効果
　広告が表示されたときのクリック数は、媒体社の掲載レポートから実数データがわかりますが、ユーザーが広告主サイトにアクセスするのは、広告を見たときだけではありません。時間がたってから広告を見たことを思い出し、検索によってアクセスすることもあります。これをポストインプレッションといいます。しかし、広告を見たこととポストインプレッションを結びつけることは簡単ではありません。サイトにアクセスしたユーザーを識別するためのCookieを利用することで、ポストインプレッション効果を測定することが可能な場合があります。

③レスポンス効果
　レスポンス効果を測定するには、まず、コンバージョン数を把握します。コンバージョン数とは、資料請求や商品購入に至った件数です。サイトにアクセスしたユーザー数に対するコンバージョン数の比率をＣＶＲ（コンバージョン率）といいます。コンバージョン率から顧客獲得コストを導き出せます。

(3) インターネット広告のＰＤＣＡ
　インターネット広告は、正確な実数として効果を把握できるのが利点です。マス４媒体の広告では、広告そのものの効果を測定しますが、イ

ンターネット広告は、広告によってユーザーがどのように反応し、行動したかを測定することができます。さらに、ユーザーの属性や興味を収集できるため、反応や行動との関連性も分析可能です。

以上のことから、インターネット広告においては、マス４媒体広告に比べ、ＰＤＣＡサイクルによって効果を上げやすい仕組みになっていることがわかります。

(4) インターネット広告ならではのリサーチ

インターネット広告はさまざまな観点で、効果を測定し、評価することができます。広告主は、ユーザーが自社のサイトを訪れ、想定した行動をとらせることが目的であり、結果は数値を基に測定できます。効果を上げるには、計画した数値と実際の数値が乖離した場合、乖離した原因を分析し、フィードバックすることが大切です。

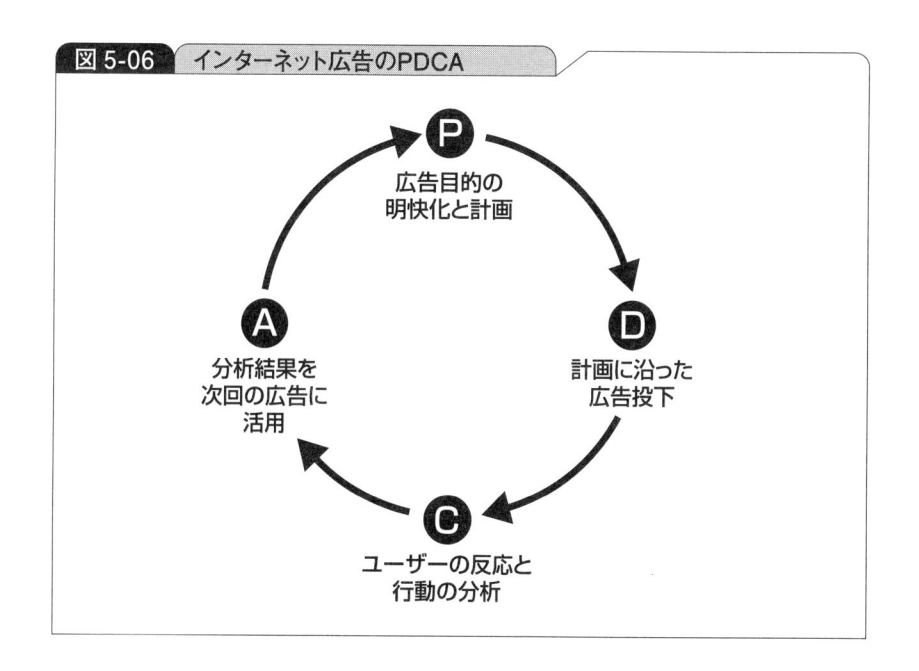

図 5-06　インターネット広告のPDCA

- P：広告目的の明快化と計画
- D：計画に沿った広告投下
- C：ユーザーの反応と行動の分析
- A：分析結果を次回の広告に活用

section 4　プロモーションのマーケティング・リサーチ

インターネット広告のリサーチ②

　ここでは、検索連動型広告とターゲティング広告について紹介します。これらの広告は比較的安価で、ターゲットを絞り込んで露出したり、直接購入に結びつけることができます。標的とする顧客の行動パターンをリサーチし、理解することで効果を上げることができます。

(1) 検索連動型広告
　ヤフーやグーグルで検索をすると、検索結果画面の右側、もしくは上部に広告文が表示されることに気づきます。検索結果と同じテキストで表示されるので、見分けがつかないかもしれませんが、広告枠の部分には「スポンサードサーチ」「スポンサードリンク」と記載されています。
　これは、インターネット広告の一種で、検索連動型広告（リスティング広告）といいます。検索エンジンでユーザーが検索したキーワードに関連した広告を検索結果画面に表示するもので、グーグル社のアドワーズ広告、オーバーチュア社のスポンサードサーチが代表的です。
①単価と掲載順位
　検索連動型広告のクリック単価と、上から何番目に掲載されるかの掲載順位は、入札によって決定します。人気のあるキーワードはクリック単価が高く、人気のないキーワードは低くなります。さらに、入札金額によって掲載順位も変動します。ある検索連動型広告の代理店におけるキーワード別の単価は、キャッシングが1100円、英会話が617円、政治が12円となっています。人気の有無でかなり単価が異なることがわかります。

しかし、単純に入札金額だけで掲載順位が決まらないのが検索連動型広告のブラックボックス的なところであり、難しいところです。掲載順位の決定には、品質インデックスという評価基準も加味されます（なお、「品質インデックス」はオーバーチュア社の品質評価で、アドワーズ広告には「品質スコア」という品質評価があります）。

②品質インデックス

では、品質インデックスで高評価を得るにはどうしたら良いのでしょうか。オーバーチュア社のQ&Aページによると、掲載順位を上げるには、

図 5-07　検索連動型広告

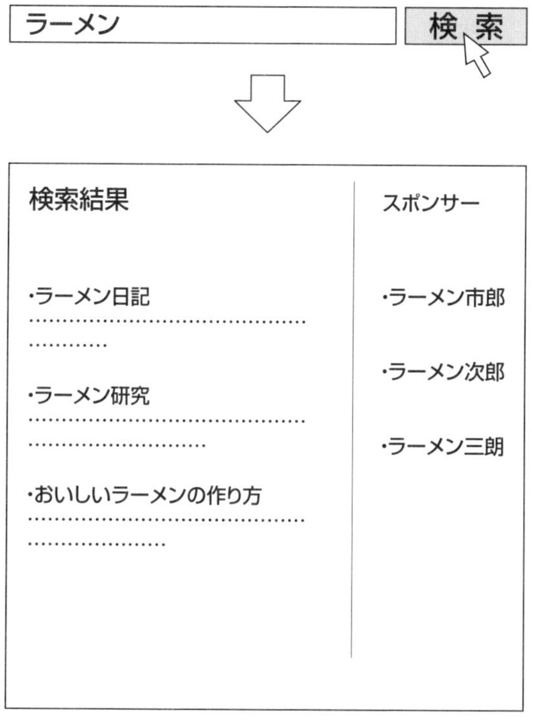

検索結果	スポンサー
・ラーメン日記	・ラーメン市郎
・ラーメン研究	・ラーメン次郎
・おいしいラーメンの作り方	・ラーメン三朗

「広告のクリック率を上げる必要がある」と書いてあります。さらに、クリック率を上げるには、「広告に設定しているリンク先ページとの関連性が高く、説得力のある広告を作成する」ことが非常に重要とあります。

　検索連動広告で効果を上げるには、品質インデックスがポイントになります。それには、自社の商品と関連性の高い広告文や説明文を試行し、分析結果をフィードバックしながら精度を高めます。品質インデックスを評価するのは、基本的に人ではなくコンピュータシステムです。ＰＤＣＡサイクルを何度も繰り返すことで、システムが行う評価の「クセ」をリサーチすることも、対策のひとつになります。

(2) ターゲティング広告

　ターゲティング広告とは、ユーザーがどのようなことに関心を持っているか、どこからアクセスしているか、どのような属性のユーザーか、を分析し、ユーザーに応じて出し分ける広告です。

　ユーザーを分析するのは広告配信業者ですが、ターゲティング広告を利用した結果をリサーチし、チューニングを行うことで、自社にとって効果的なターゲットが見えてきます。代表的な３つのターゲット広告を紹介します。

①行動ターゲティング広告

　インターネット広告は、不特定多数に向けて広告展開する以外に、行動（ウェブコンテンツの閲覧や特定キーワードによる検索、バナー広告などのクリック履歴）や関心をふるいにかけて、特定のユーザーに向けて発信することが可能です。

②エリアターゲティング広告

　ユーザーがアクセスする地域によって広告を出し分けることを、エリアターゲティングといいます。ユーザーがサイトにアクセスした際の

IPアドレスによって地域を判別し、合致する広告を表示する仕組みです。限られた商圏を対象にしている小売店や、地域に特化した商品・サービスのプロモーションに効果のある広告です。

③デモグラフィックターゲティング広告

　性別や年齢などの個人の属性情報で広告を出し分けることを、デモグラフィックターゲティングといいます。ヤフーは、Yahoo！IDを登録した際の属性情報に基づき、ログインしている状態の場合に、広告を出し分けています。さらに、前述の２つのターゲティング広告と組み合わせることもできます。例えば、東京在住の20代の女性で旅行に関心があるユーザー限定に広告を出すことも可能です。

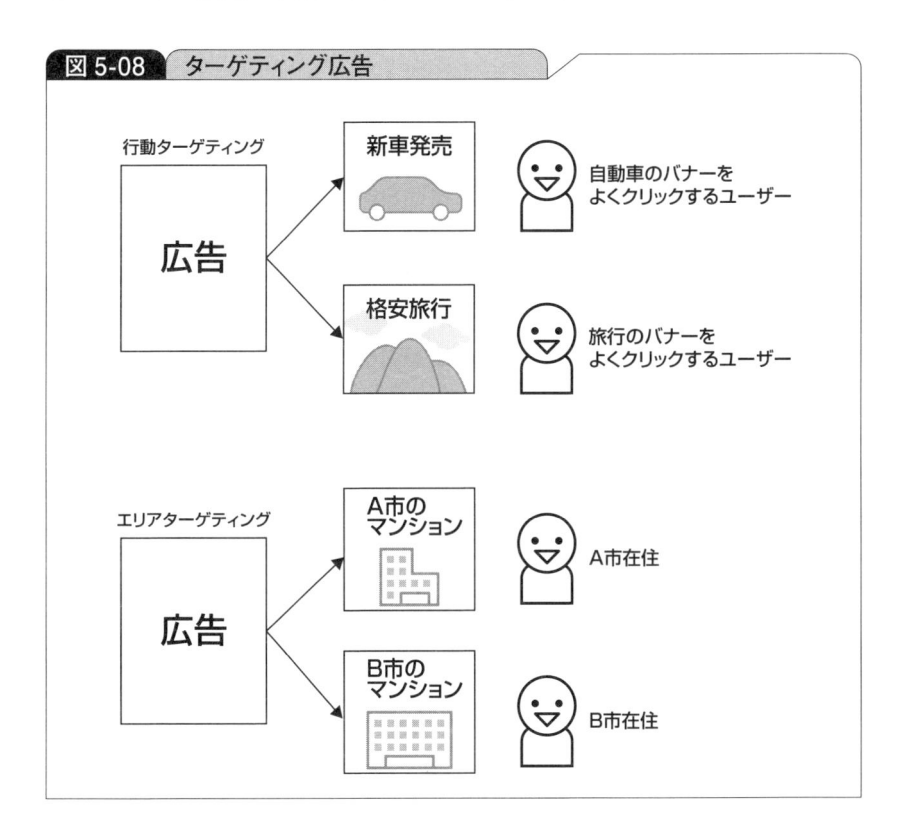

図5-08　ターゲティング広告

行動ターゲティング
広告 → 新車発売（自動車のバナーをよくクリックするユーザー）
広告 → 格安旅行（旅行のバナーをよくクリックするユーザー）

エリアターゲティング
広告 → A市のマンション（A市在住）
広告 → B市のマンション（B市在住）

section 5　プロモーションのマーケティング・リサーチ
セールス・プロモーションのリサーチ

　セールス・プロモーションは、広告やパブリシティなどで喚起した消費者の関心を実際の購買に結びつけるのが目的です。実施する上で重要なことは、しっかりと効果を測定することです。
　このsectionでは、セールス・プロモーションの効果をリサーチする方法について紹介します。

(1) セールス・プロモーションの効果測定
　セールス・プロモーションには、消費者向けのもの、販売業者向けのもの、社内向けのものの3つの種類があります。ここでは、主に消費者向けのセールス・プロモーションを取り上げます。
　セールス・プロモーションの代表的な方法として、プレミアム、サンプリング、クーポン、POPなどが挙げられます。それぞれどのような効果があるかを把握し、測定することが重要です。

(2) セールス・プロモーションの効果測定の留意点
　セールス・プロモーションの効果測定を有効に活用し、精度を高めるためには、目的によって製品と顧客を絞り込むことが重要です。
①製品（商品）の絞り込み
　どの製品（商品）を対象にするか、絞り込んでリサーチすることが重要です。複数の製品に対して同じプロモーションを展開する場合も、効果測定は製品ごとに行います。

図 5-09 主なセールスプロモーションの種類

名称	方法と効果	効果の測定指標例	測定方法
プレミアム	製品に「おまけ」をつけて販売することで、購買を促進する	プレミアムをつけていないときと比べた販売数量の伸び率	販売数量データのチェック
サンプリング	サンプル（試供品）を配布することで、購買を促進する	購買客のうち、サンプル利用者の比率	購入者に対するヒアリング
クーポン	ある製品についてクーポン券を発行することで、購買を促進する	クーポン券の発行枚数に対する、利用枚数の比率	利用時に回収したクーポン券の枚数チェック
割引	製品を割引することで、購買を促進する	割引をしていないときと比べた販売数量の伸び率	販売数量データのチェック
POP	小売店の店頭で、商品にPOPを貼付することで、購買を促進する	POPを貼付していないときと比べた販売数量の伸び率	販売数量データのチェック

②対象顧客の絞り込み

どの顧客を対象にするかを絞り込むことも重要です。性別、年代、特定の製品（商品）の購入者など、顧客層ごとに絞り込んでリサーチを行います。

(3) セールス・プロモーションのリサーチの活用例

あるスーパーマーケットでは、酒類を購入した人に新発売のビールの割引クーポン券を発行しました。ビールの購入者、ワインの購入者、日本酒の購入者、焼酎の購入者など、ターゲットごとにクーポンの色を変

え、「クーポンの利用枚数÷クーポンの発行枚数」でクーポンの利用率を算出しました。

その結果、ビールの購入者に次いで、焼酎の購入者のクーポンの利用率が高かったことから、焼酎コーナーに新発売のビールを紹介するPOPを提示し、提示しなかった期間と販売数量を比較したところ、POP提示期間には、ビールの販売数量が大きく伸びたことがわかりました。

リサーチを活用することで、セールス・プロモーションの精度を高めた好事例といえます。

(4) インターネットの利用

インターネット、特にモバイルサイトを利用することで、さらに効率を上げて、効果測定できます。携帯電話は個人の特定が可能なため、属性や現在地に応じてクーポンを出し分けたり、クーポンの利用状況の即時集計も可能です。

すかいらーくグループはモバイルサイト「すかいらーくグループ　オトクーポン」で、各店舗で利用できる割引クーポンを配布しています。利用者は無料の会員登録を行うことで、各店舗のモバイルクーポンを入手できます。以前は、すかいらーくグループは、印刷物やＰＣサイトをプリントアウトしてもらうことでクーポンを配布してきました。しかし、電子クーポンによって印刷や配布コストを低減し、タイミングよく配布することが可能になりました。

電子クーポンの利用状況を分析することで、販売状況や顧客の好みのトレンドをリサーチできます。顧客にとっても、クーポンを保存する必要がないなどの利点があります。

しかし、コストが低いからといってクーポンを乱発すると、顧客のユーザビリティを低下させ、退会の要因ともなるので注意が必要です。

図 5-10 ターゲットの絞り込み

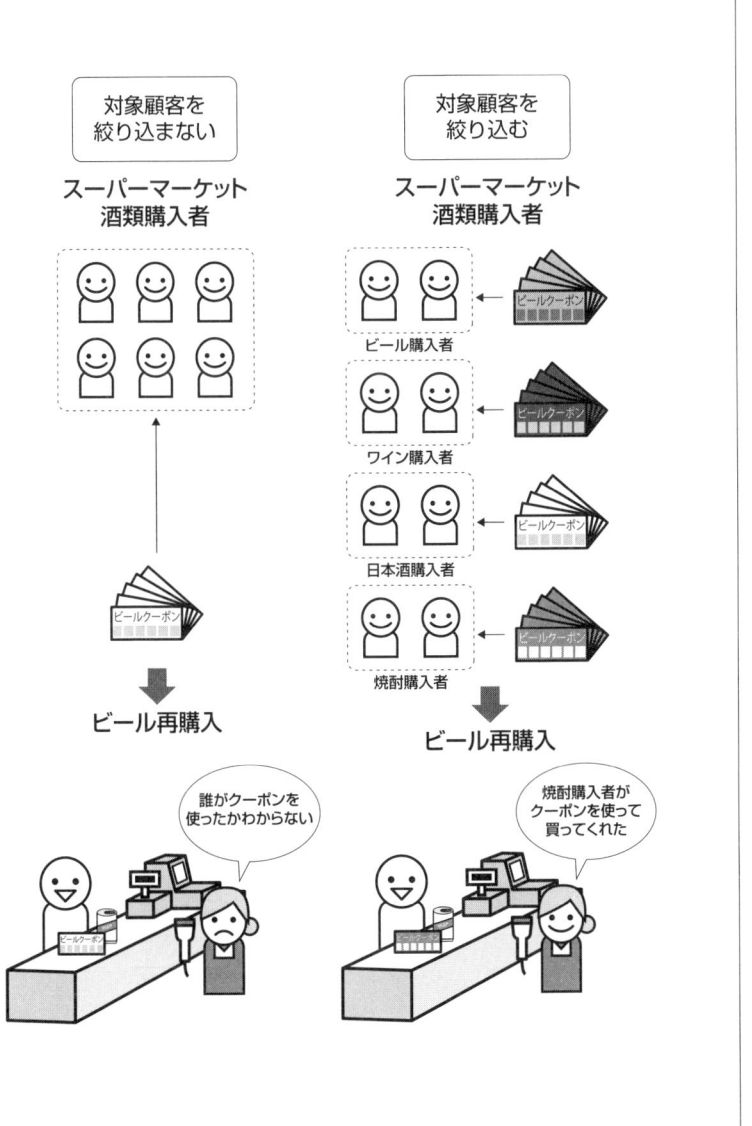

section 6　プロモーションのマーケティング・リサーチ

RFM分析

　RFM分析とは、自社にとっての優良顧客と、そうでない顧客を分けるための分析手法です。これは最新購入日（R＝Recency）、累積購入回数（F＝Frequency）、累積購入金額（M＝Monetary）の3つの指標から分析します。

　分析の結果として、いつも商品を大量に、もしくは高額商品を購入する優良顧客、優良顧客だったのに、購入実績が減少している顧客、新規に購入し始めた優良顧客候補など、顧客を分類して把握できるようになります。

(1) RFMの捉え方
①R＝Recency
　Rは、最新の購入日であり、すべての顧客の最新購入日を新しい順番に並べ、上位の顧客ほど優良と考えます。購入してから時間が経過していない顧客は、購入した事実や、商品についての記憶が鮮明であり、DMなどでアプローチした際のレスポンスが高い可能性があります。
②F＝Frequency
　Fは、顧客が購入した回数のことであり、多いほど優良顧客と考えます。顧客である期間の長さに応じて回数は多くなるので、期間を定めることが必要です。
　Fの低い顧客は、顧客満足度が低い可能性があります。
③M＝Monetary
　Mは、顧客の購入金額合計で、多いほど優良顧客と考えます。MもF

と同じく、顧客である期間の長さに応じて購入金額は多くなるので、期間を定める必要があります。

(2) 分析方法

分析方法の具体例として、R、F、Mについて、それぞれ数値化し、次のように顧客を5段階にランクづけする方法があります。

まず、Rについては、今月購入した顧客は5、3カ月以内は4、6カ月以内は3、1年以内は2、1年以前は1とします。

Fについては、100回以上購入した顧客は5、80回以上は4、そして20回未満は1とします。

Mについては、10万円以上購入した顧客は5、8万円は4、2万円未満は1とします。

金額や購入回数は商品の特性や販売形態によって異なるので、これら

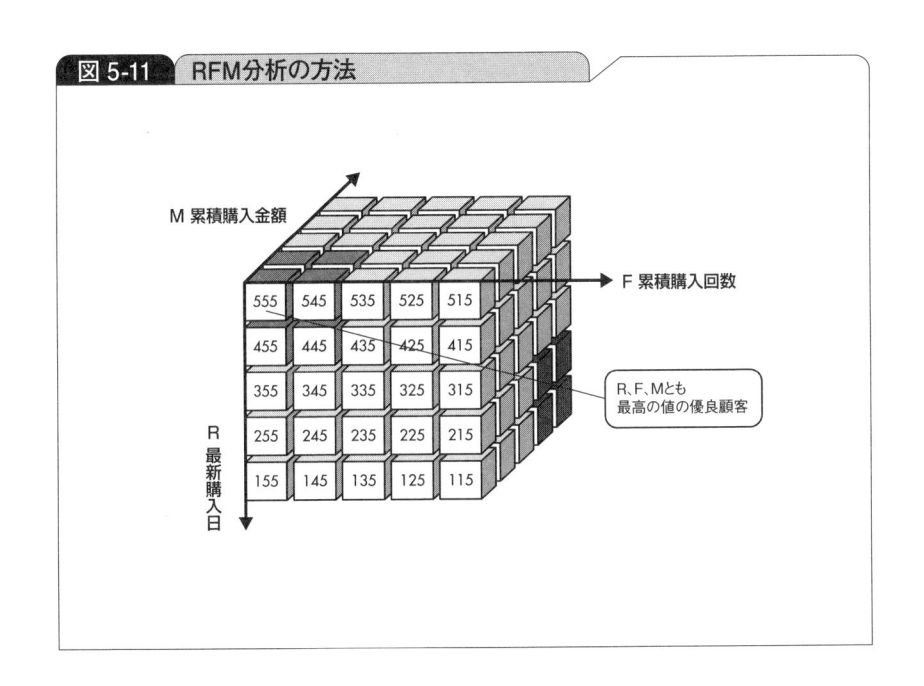

図 5-11　RFM分析の方法

M 累積購入金額
F 累積購入回数
R 最新購入日

555	545	535	525	515
455	445	435	425	415
355	345	335	325	315
255	245	235	225	215
155	145	135	125	115

R、F、Mとも最高の値の優良顧客

の数値はあくまでも一例です。

この数値を並べると、最優良顧客の555から、見込み段階の顧客の111まで、ランクづけができます。そのランク別にＤＭの内容や頻度を変えることで、顧客のランクに応じたプロモーションができます。

小売店であれば、444以上の顧客に新商品の先行予約販売やポイントアップのＤＭを送り、222未満の顧客には、来店プレゼントのＤＭを送るなど、顧客に応じたアプローチをピンポイントで行えます。

さらに、顧客の動向を詳細に把握するには、Ｒ―Ｆ、Ｒ―Ｍ、Ｆ―Ｍでクロス集計を行います。

(3) ＲＦＭ分析の注意点

ＲＦＭ分析には注意すべき点もあります。５段階評価するときの数値の決め方が主観的であるため、ランクづけの基準やＦとＭの期間をどのくらいに設定するかを試行錯誤しながら修正していく、ＰＤＣＡサイクルが重要になります。

ＦとＭの期間は、商品や業態によって異なります。スーパーマーケットやコンビニエンスストアなどは短く、数カ月から１年程度、耐久消費財を扱う自動車販売会社などは、10年以上に設定します。設定した期間に顧客の購入がない場合は、顧客が離反したと見なします。

また、分析によって決定した顧客ランク別にＤＭを送ってみたものの、想定した成果が得られない場合、数値を変えたり、顧客ランクごとの範囲を広げたり、狭めたりする必要があります。

(4) 分析結果の活用

通常、ＲＦＭ分析で最も重視すべき指標はＲであり、ついでＦ、Ｍの順です。前述したように、ＦとＭは累積されるため、顧客として登録された期間が長いと数値が高くなります。

FとMが高くてもRが低い顧客の場合、すでに競合他社に流れてしまっている可能性があります。FとMが高いのに、Rに低下傾向が見られる顧客に対しては、重点的にアプローチすることで他社に流れるのを食い止め、自社の顧客にとどめる対策を講じなければなりません。

　Fが伸び悩んでいるもののMが高い顧客は、購買力があるため、来店プレゼントなど、購買頻度を高めるプロモーションが効果的です。

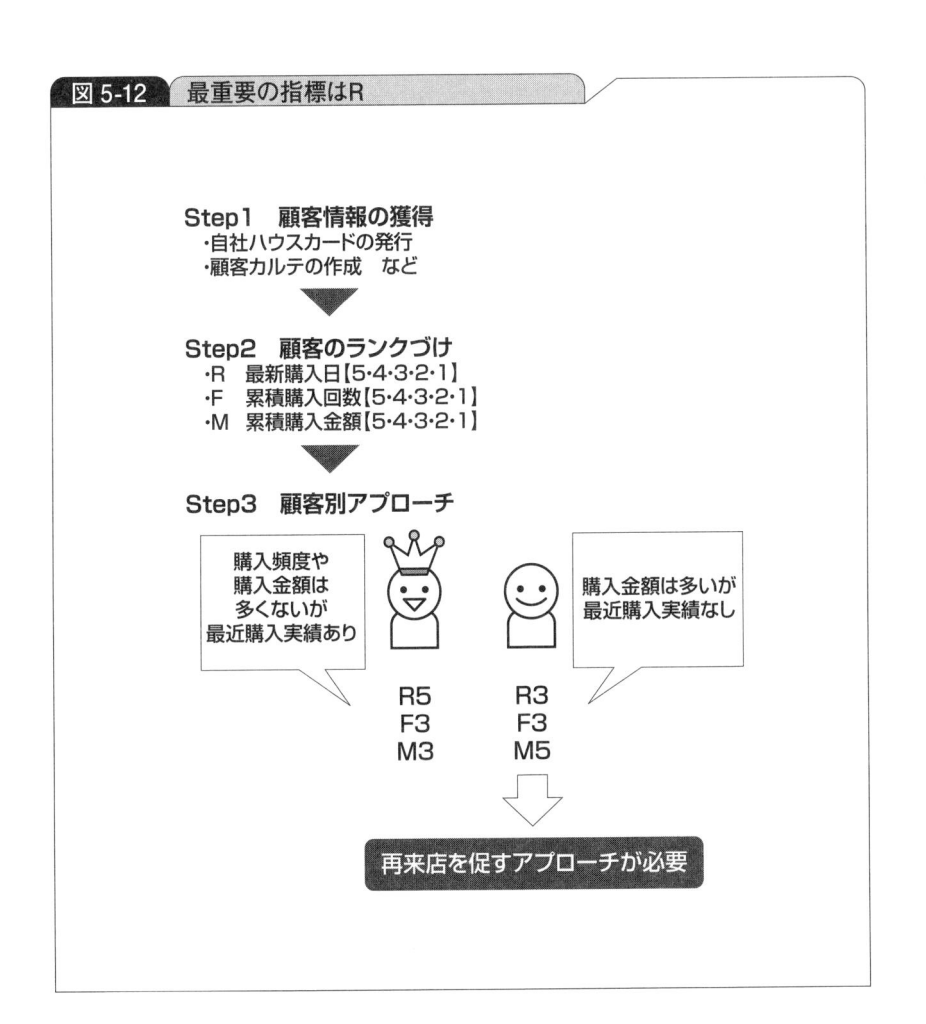

図5-12　最重要の指標はR

Step1　顧客情報の獲得
- 自社ハウスカードの発行
- 顧客カルテの作成　など

Step2　顧客のランクづけ
- R　最新購入日【5・4・3・2・1】
- F　累積購入回数【5・4・3・2・1】
- M　累積購入金額【5・4・3・2・1】

Step3　顧客別アプローチ

購入頻度や購入金額は多くないが最近購入実績あり
R5
F3
M3

購入金額は多いが最近購入実績なし
R3
F3
M5

→ 再来店を促すアプローチが必要

section 1　データ解析の基本指標
section 2　単回帰分析
section 3　Excel活用法　単回帰分析

PART 6

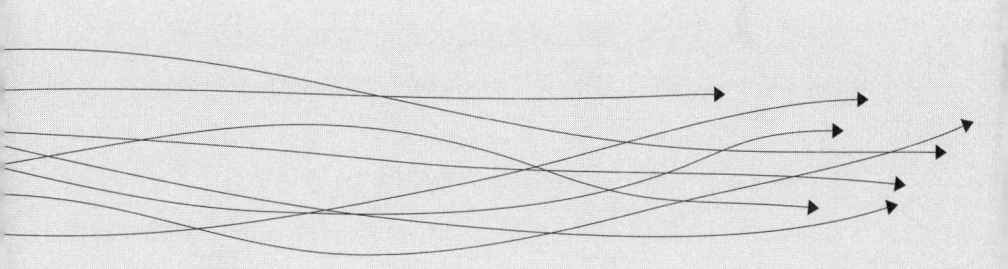

データ解析

データ解析の基本指標と
単回帰分析の考え方、
Excel活用法を理解する

section 1 　データ解析

データ解析の基本指標

　マーケティング・リサーチで重要なのは、結果から何を読み取ることができるかということです。同じ結果でもどのように分析するかによって、読み取ることができる内容は大きく異なります。リサーチ手法によって、分析の方法も違ってきますが、最も一般的なアンケート調査の代表的な分析方法として、データ解析が挙げられます。

　まずは、データ解析の基本的な指標である「平均」「偏差」「分散」「標準偏差」と「共分散」、そして「相関係数」について解説します。

　あるレストランが、20代から40代の顧客4名を対象にアンケート調査を実施し、6種類のメニューについて、図6-01のように4段階で評価してもらったところ、図6-02のようなリサーチデータが得られました。

　図6-02のようなデータにおいて、左端のNo.1～No.6をデータ番号、「ステーキ」「ギョーザ」などのメニュー名をサンプル名、「20代男性の評価点」「30代男性の評価点」などの項目を変量と呼びます。

　特に、図6-02のように変量が2つ以上あるデータは多変量データと呼ばれます。

図6-01　メニューの評価点

毎日食べたい	大好物	好き	嫌い
4点	3点	2点	1点

図6-02　リサーチデータ(メニューと顧客属性別の評価点)

No.	メニュー名	20代男性の評価点	30代男性の評価点	20代女性の評価点	40代女性の評価点
1	ステーキ	4	4	2	1
2	ギョーザ	4	3	1	1
3	カレー	3	3	1	2
4	パスタ	3	2	1	2
5	寿司	2	2	1	4
6	ヨーグルト	1	2	2	4

　図6-02のとおり、4名の顧客は年代も性別も異なるため、メニューの好みも異なり、評価点にもバラツキがあるようです。そこで、評価点のバラツキ具合を、①同一顧客における評価点のバラツキ、②顧客相互の評価点のバラツキ、の2つに分解して探ってみます。

①同一顧客における評価点のバラツキについて

　まず、20代男性の評価点を x_i ($x_1=4$、$x_2=4$、$x_3=3$、$x_4=3$、$x_5=2$、$x_6=1$) とし、データ解析における基本的な指標である「平均」と「偏差」、「分散」と「標準偏差」を計算してみます。計算結果は図6-03のとおりです。

　評価点の**平均**を示す $\bar{x}$ (エックス・バー) は、評価点の合計をデータ数6で割り、

$$\bar{x} = \frac{x_1 + x_2 + x_3 + x_4 + x_5 + x_6}{6} = \frac{4+4+3+3+2+1}{6} = \frac{17}{6} ≒ 2.83$$

となります。

　「評価点 x_i と平均 $\bar{x}$ との差」を**偏差**と呼び、「偏差の2乗の合計をデータ数で割ったもの」を**分散**と呼びます。偏差の符号は、平均2.83より評価点が高ければプラス、低ければマイナスです。偏差の合計は0になり

ます。偏差の2乗の合計は6.83で、それをデータ数6で割って得られる分散は1.14となりました。

また、**標準偏差**とは「分散の平方根」のことで、$\sqrt{1.14} \fallingdotseq 1.07$となります。（注：分散の定義を「偏差の2乗の合計を『データ数－1』で割ったもの」とする場合もありますが、本書では『データ数』で割ったものとします。）

図6-03において、偏差は、メニューごとの評価点が平均からどのくらい乖離しているかを示していますが、評価点が平均より大きいか小さいかによって偏差の符号が変わってしまうため、バラツキの度合についての単純な大小比較に用いるのは困難です。そこで、評価点のバラツキを分析する際には、「偏差の2乗」というプラスの値同士での比較を行います。20代男性の場合、評価点のバラツキが最も大きい（平均から最もかけ離れた評価点となった）メニューはヨーグルトであることがわかります。そして、偏差の2乗の合計をデータ数で割ったものである分散は、個々のメニューの評価点のバラツキ度合の平均を示しており、20代男性の評価点全体のバラツキ度合を表しています。ステーキやギョーザなど高カロリーなメニューの評価点が高い一方で、寿司やヨーグルトなど

図6-03　20代男性の評価点、「平均」「偏差」「分散」

No.	メニュー名	20代男性の評価点 x_i	偏差 $x_i - \bar{x}$	偏差² $(x_i - \bar{x})^2$
1	ステーキ	4	1.17	1.36
2	ギョーザ	4	1.17	1.36
3	カレー	3	0.17	0.03
4	パスタ	3	0.17	0.03
5	寿司	2	−0.83	0.69
6	ヨーグルト	1	−1.83	3.36
	合計	17	0	6.83
	平均	2.83		分散＝1.14

※偏差の数値は四捨五入しています

図 6-04　その他顧客の評価点、「平均」「偏差」「分散」（Σは合計の意）

30代男性 y_i	偏差 $y_i-\bar{y}$	偏差² $(y_i-\bar{y})^2$	20代女性 z_i	偏差 $z_i-\bar{z}$	偏差² $(z_i-\bar{z})^2$	40代女性 u_i	偏差 $u_i-\bar{u}$	偏差² $(u_i-\bar{u})^2$
4	1.33	1.78	2	0.67	0.44	1	−1.33	1.78
3	0.33	0.11	1	−0.33	0.11	1	−1.33	1.78
3	0.33	0.11	1	−0.33	0.11	2	−0.33	0.11
2	−0.67	0.44	1	−0.33	0.11	2	−0.33	0.11
2	−0.67	0.44	1	−0.33	0.11	4	1.67	2.78
2	−0.67	0.44	2	−0.67	0.44	4	1.67	2.78
Σ=16	Σ=0	Σ=3.33	Σ=8	Σ=0	Σ=1.33	Σ=14	Σ=0	Σ=9.33
$\bar{y}$=2.67		分散=0.56	$\bar{z}$=1.33		分散=0.22	$\bar{u}$=2.33		分散=1.56

※偏差の数値は四捨五入しています

ヘルシーなメニューの評価点が低いことから、この20代男性のメニューの好みはかなり偏っていることが考えられますが、その偏りの度合は、分散値1.14で評価されます。

その他顧客の評価点についても計算結果を図6-04にまとめました（データ番号とサンプル名は省略します）。分散の値の比較から、最も評価点のバラツキの少ない顧客は20代女性（分散値0.22）、最もバラツキの大きい顧客は40代女性（分散値1.56）であることが判明しました。

②顧客相互の評価点のバラツキ

次に、顧客相互の評価点のバラツキを見てみます。顧客相互の評価点においては、バラツキが小さいほど評価が似ており、逆にバラツキが大きいほど評価が異なっていることを意味します。

まず、20代男性の評価点と、30代男性の評価点がどの程度似ているかを判断するため、「共分散」を計算してみます。**共分散**とは、それぞれの評価点の偏差を掛け合わせたものです。

図6-05より、x（20代男性の評価点）の分散1.14、y（30代男性の評価点）の分散0.56、ならびにxとyの共分散0.61を算出しました。

一般に、xとyという2つのデータ間の関係性の程度を表すものとして、

相関係数があります。**相関**とは、2つのデータが互いに関連することを意味します。ここで、xの分散をS_x^2、yの分散をS_y^2、xとyの共分散をS_{xy}と記すと、相関係数の定義式は、

$$R_{xy} = \frac{S_{xy}}{\sqrt{S_x^2} \times \sqrt{S_y^2}} = \frac{S_{xy}}{S_x S_y}$$

となります。相関係数は、$-1 \leq R \leq +1$の値を取ります。2つのデータは、Rが1に近いほど正の相関が強く、−1に近いほど負の相関が強く、また0に近いほど相関が弱いと判断されます。

再び図6-05に戻り、相関係数を求めると、

$$R_{xy} = \frac{0.61}{\sqrt{1.14} \times \sqrt{0.56}} \fallingdotseq 0.77$$

となり、1に近い値となるので、20代男性と30代男性の評価点の間には、強い正の相関関係があると判断されます。これは、ステーキやギョーザなど高カロリーのものを好む一方で、寿司やヨーグルトなどのヘルシーなものは好まないという偏った傾向が、20代男性と30代男性の双方に共通していることと一致します。

図6-05　20代男性と30代男性の評価点

20代男性 x_i	30代男性 y_i	$x_i - \bar{x}$	$y_i - \bar{y}$	$(x_i - \bar{x})^2$	$(y_i - \bar{y})^2$	$(x_i - \bar{x})(y_i - \bar{y})$
4	4	1.17	1.33	1.36	1.78	1.56
4	3	1.17	0.33	1.36	0.11	0.39
3	3	0.17	0.33	0.03	0.11	0.06
3	2	0.17	−0.67	0.03	0.44	−0.11
2	2	−0.83	−0.67	0.69	0.44	0.56
1	2	−1.83	−0.67	3.36	0.44	1.22
Σ=17	Σ=16	Σ=0	Σ=0	Σ=6.83	Σ=3.33	Σ=3.67
$\bar{x}$=2.83	$\bar{y}$=2.67			S_x^2=1.14	S_y^2=0.56	S_{xy}=0.61

※偏差の数値は四捨五入しています

同様に、20代男性と20代女性の評価点の相関係数、20代男性と40代女性の評価点の関係性を見てみましょう。まず、図6-06より、

相関係数 $R_{xz} = \dfrac{S_{xz}}{\sqrt{S_x^2} \times \sqrt{S_y^2}} = \dfrac{-0.11}{\sqrt{1.14} \times \sqrt{0.22}} \fallingdotseq -0.22$

となり、0に近い値となるので、20代男性と20代女性の評価点の間には、ほとんど相関関係がないと判断されます。これは、高カロリーなものを特に好む20代男性と、すべてのメニューで低い評価点をつけた20代女性（ひょっとすると、レストランなどでの外食が好きではないのかもしれません）との間では好みの傾向がバラバラであることと一致します。

一方、図6-07より、20代男性と40代女性の場合は、

相関係数 $R_{xu} = \dfrac{S_{xu}}{\sqrt{S_x^2} \times \sqrt{S_u^2}} = \dfrac{-1.28}{\sqrt{1.14} \times \sqrt{1.56}} \fallingdotseq -0.96$

となり、−1に近い値となるので、20代男性と40代女性の評価点の間には、強い負の相関関係があると判断されます。これは、食べ物の好みが正反対に近いことを意味しています。40代女性は寿司やヨーグルトなどヘルシーなメニューを高く評価する一方で、ステーキやギョーザな

図6-06　20代男性と20代女性の評価点

20代男性 x_i	20代女性 z_i	$x_i - \bar{x}$	$z_i - \bar{z}$	$(x_i - \bar{x})^2$	$(z_i - \bar{z})^2$	$(x_i - \bar{x})(z_i - \bar{z})$
4	2	1.17	0.67	1.36	0.44	0.78
4	1	1.17	−0.33	1.36	0.11	−0.39
3	1	0.17	−0.33	0.03	0.11	−0.06
3	1	0.17	−0.33	0.03	0.11	−0.06
2	1	−0.83	−0.33	0.69	0.11	0.28
1	2	−1.83	0.67	3.36	0.44	−1.22
Σ=17	Σ=8	Σ=0	Σ=0	Σ=6.83	Σ=1.33	Σ=−0.67
$\bar{x}$=2.83	$\bar{z}$=1.33			S_x^2=1.14	S_z^2=0.22	S_{xz}=−0.11

※偏差の数値は四捨五入しています

図 6-07　20代男性と40代女性の評価点

20代男性 x_i	40代女性 u_i	$x_i-\bar{x}$	$u_i-\bar{u}$	$(x_i-\bar{x})^2$	$(u_i-\bar{u})^2$	$(x_i-\bar{x})(u_i-\bar{u})$
4	1	1.17	−1.33	1.36	1.78	−1.56
4	1	1.17	−1.33	1.36	1.78	−1.56
3	2	0.17	−0.33	0.03	0.11	−0.06
3	2	0.17	−0.33	0.03	0.11	−0.06
2	4	−0.83	1.67	0.69	2.78	−1.39
1	4	−1.83	1.67	3.36	2.78	−3.06
Σ=17	Σ=14	Σ=0	Σ=0	Σ=6.83	Σ=9.33	Σ=−7.67
$\bar{x}$=2.83	$\bar{u}$=2.33			S_x^2=1.14	S_u^2=1.56	S_{xu}=−1.28

※偏差の数値は四捨五入しています

図 6-08　30代男性、20代女性、40代女性の相関係数

30代男性 y_i	20代女性 z_i	40代女性 u_i	$(y_i-\bar{y})(z_i-\bar{z})$	$(y_i-\bar{y})(u_i-\bar{u})$	$(z_i-\bar{z})(u_i-\bar{u})$
4	2	1	0.89	−1.78	−0.89
3	1	1	−0.11	−0.44	0.44
3	1	2	−0.11	−0.11	0.11
2	1	2	0.22	0.22	0.11
2	1	4	0.22	−1.11	−0.56
2	2	4	−0.44	−1.11	1.11
Σ=16	Σ=8	Σ=14	Σ=0.67	Σ=4.33	Σ=0.33
$\bar{y}$=2.67	$\bar{z}$=1.33	$\bar{u}$=2.33	S_{yz}=0.11	S_{yu}=−0.72	S_{zu}=0.06
S_y^2=0.56	S_z^2=0.22	S_u^2=1.56	R_{yz}=0.32	R_{yu}=−0.78	R_{zu}=0.09

※偏差の数値は四捨五入しています

ど高カロリーなメニューは低く評価しているので、20代男性とは好みの傾向がまったく正反対であることと一致します。

　最後に、30代男性と20代女性、30代男性と40代女性、20代女性と40代女性の評価点の相関関係についても計算し、顧客相互の評価点のバラツキについてまとめてみます。

図 6-09　評価点の顧客相互の相関係数

対角線上は1	20代男性	30代男性	20代女性	40代女性
20代男性	1	0.77	−0.22	−0.96
30代男性	0.77	1	0.32	−0.78
20代女性	−0.22	0.32	1	0.09
40代女性	−0.96	−0.78	0.09	1

図6-08における各相関係数の計算は次のとおりです。

相関係数　$R_{yz} = \dfrac{S_{yz}}{\sqrt{S_y^2} \times \sqrt{S_z^2}} = \dfrac{0.11}{\sqrt{0.56} \times \sqrt{0.22}} ≒ 0.32$

相関係数　$R_{yu} = \dfrac{S_{yu}}{\sqrt{S_y^2} \times \sqrt{S_u^2}} = \dfrac{-0.72}{\sqrt{0.56} \times \sqrt{1.56}} ≒ -0.78$

相関係数　$R_{zu} = \dfrac{S_{zu}}{\sqrt{S_z^2} \times \sqrt{S_u^2}} = \dfrac{0.06}{\sqrt{0.22} \times \sqrt{1.56}} ≒ 0.09$

以上の計算により得られた、評価点の顧客相互の相関係数について、図6-09にまとめます。なお、表の対角線上は同じ顧客による評価点データ同士の相関係数となるので、すべて1となります。

このように、データ解析上の指標（平均、偏差、分散、標準偏差、共分散、相関係数）を用いることで、アンケートの調査結果から直接読み取ることが難しい事象について、数値で把握することができます。

| section 2 | データ解析 |

単回帰分析

　データ解析の中で最も一般的に使用されている分析手法のひとつが、「単回帰分析」です。このsectionでは「単回帰分析」の手法について解説します。

(1) 単回帰分析とは
　単回帰分析は、2つの変量xとyが含まれる実測値データを分析し、変量xを変動させたときの変量yの値を予測する、一次の近似式（直線式）を求める方法です。ここで、xを説明変量、yを目的変量と呼びます。

(2) 単回帰分析の事例
　あるスーパーマーケットのチェーンで、各店舗で取扱う食料品のアイテム数（変量x）と、食料品の売上高（変量y）の関係を調査したところ、図6-10のようになっていることが判明しました。

図 6-10　店舗別の食料品アイテム数と食料品売上高

店舗No	食料品のアイテム数(x_i)[個]	食料品の売上高(y_i)[万円]
1	100	200
2	250	480
3	150	250
4	200	430
5	80	130
6	300	620

図6-10の実測値データを散布図で表したグラフが図6-11です。

図6-11を見ると、データ点が右肩上がりに並んでおり、食料品のアイテム数と売上高の間に、強い正の相関が働いていることがわかります。

図 6-11　実測値データの散布図グラフ

（縦軸：食料品の売上高（y）[万円]、横軸：食料品のアイテム数(x)[個]）

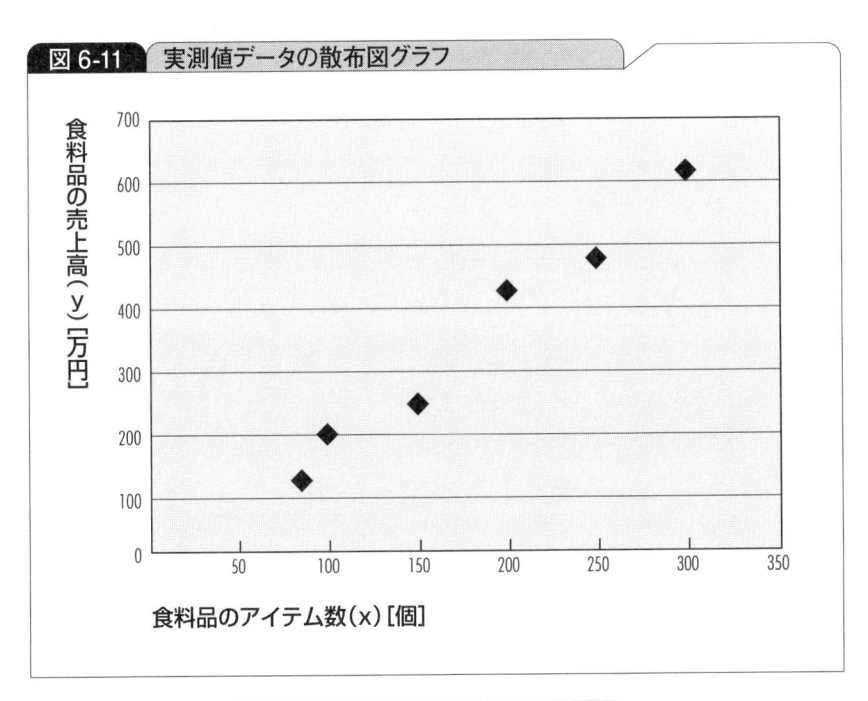

図 6-12　実測値データの分散・共分散

No.	x_i	y_i	$(x_i-\bar{x})^2$	$(y_i-\bar{y})^2$	$(x_i-\bar{x})(y_i-\bar{y})$
1	100	200	6,400	23,003	12,133
2	250	480	4,900	16,469	8,983
3	150	250	900	10,336	3,050
4	200	430	400	6,136	1,567
5	80	130	10,000	49,136	22,167
6	300	620	14,400	72,003	32,200
合計	1,080	2,110	37,000	177,083	80,100
平均	$\bar{x}=180$	$\bar{y}=352$	xの分散 $S_x^2=6,167$	yの分散 $S_y^2=29,514$	xとyの共分散 $S_{xy}=13,350$

※偏差の数値は四捨五入しています

ここで食料品のアイテム数（変量x）と売上高（変量y）について、分散S_x^2、S_y^2ならびに共分散S_{xy}を計算すると、図6-12のようになりました。

　図6-12の値から相関係数を計算すると、
$$R = \frac{S_{xy}}{\sqrt{S_x^2} \times \sqrt{S_y^2}} = \frac{13,350}{\sqrt{6,167} \times \sqrt{29,514}} = 0.98953$$

となり、1に近い値であることから、確かに強い正の相関が働いていることが確認できました。

　そして、この正の相関関係を利用して、図6-13のように実測値のデータから近からず遠からずのところを通る直線（一次の近似式）を描くことができれば、その直線からは、アイテム数xを変動させたときの売上高yの予測値を求めることができます。

　この一次の近似式を**回帰直線**と呼び、アイテム数xと売上高yを用いて回帰直線の式をy=ax+b（a、bは定数）と表すことができます。

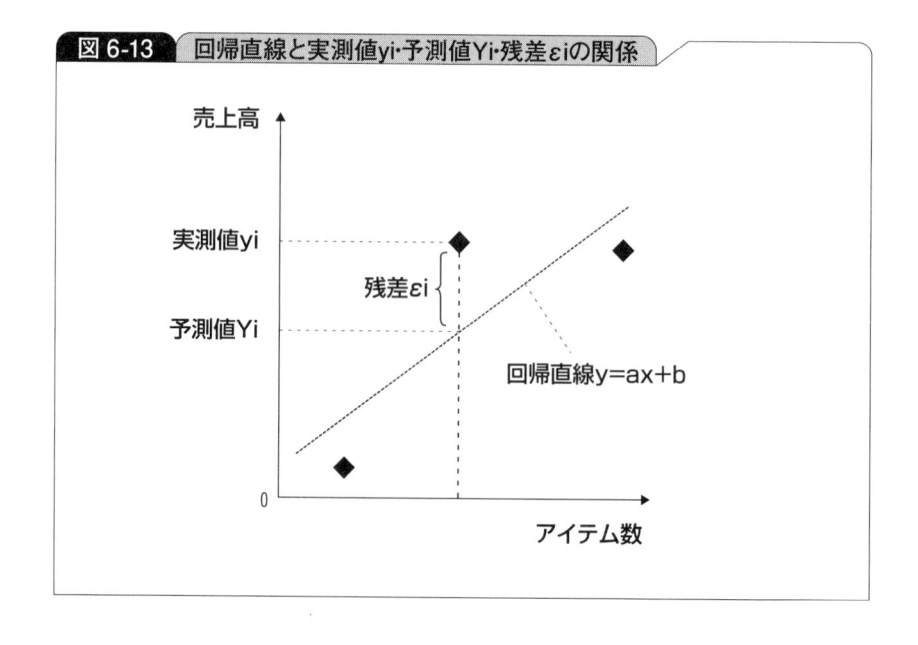

図6-13　回帰直線と実測値yi・予測値Yi・残差εiの関係

(3) 回帰直線の求め方

図6-12の実測値データを用いてaとbを算出し、実際の回帰直線の式を求めてみましょう。

売上高の予測値をY_iとすると、$Y_i=ax_i+b$となります。図6-12のアイテム数x_i($x_1=100$、$x_2=250$、$x_3=150$……)に対応する回帰直線上の予測値Yiは、$Y_1=ax_1+b$、$Y_2=ax_2+b$、$Y_3=ax_3+b$…となります。これらの予測値Yと、図6-12の売上高y_i($y_1=200$、$y_2=480$、$y_3=250$……)との差を**残差**と呼びます。残差ε_iは、$\varepsilon_i=y_i-Y_i=y_i-(ax_i+b)=y_i-ax_i-b$と表されます。

図6-13に、アイテム数x_iにおける売上高の実測値y_i、回帰直線上の売上高予測値Y_i、残差ε_iを図示します。

図6-13のx_iにおいて、残差ε_iが小さくなればなるほど、回帰直線上の予測値Y_iは実測値y_iに近づくことになります。そして、そもそも回帰直線は、すべての実測値における実測値y_iと予測値Y_iの距離、すなわち「残差の絶対値」の合計が最小となるように引かれた直線なので、回帰直線の式の定数aとbは、すべての実測値における「残差の2乗」の合計が最小であるという条件から求めればよいことになります。

ここで、「残差の絶対値」の合計ではなく、「残差の2乗」の合計を使用している理由は、前者よりも後者のほうが数学的な取扱いが簡単であることによるものです。

なお、残差の2乗の合計のことを残差平方和と呼び、残差平方和が最小であるという条件を利用する方法を最小二乗法と呼びます。

ここで、一般に、i=1からi=nまでの残差平方和をQとすると、
$Q= \varepsilon_1^2+ \varepsilon_2^2+\cdots+ \varepsilon_n^2$
$= (y_1-ax_1-b)^2+(y_2-ax_2-b)^2+\cdots+(y_n-ax_n-b)^2$
$= (y_1^2-2ax_1y_1-2by_1+a^2x_1^2+2abx_1+b^2)$

$+ (y_2^2 - 2ax_2y_2 - 2by_2 + a^2x_2^2 + 2abx_2 + b^2) + \cdots$
$+ (y_n^2 - 2ax_ny_n - 2by_n + a^2x_n^2 + 2abx_n + b^2)$ となります。

　最小二乗法では、Qを最小にする定数aとbを求めることになるので、Qを最小にする定数aとbについての条件である極値条件を利用します。

　極値条件とは、Qをaで偏微分(a以外を定数と見なした微分)したもの、およびQをbで偏微分したものが共にゼロになるという条件です。すなわち、aとbは次の方程式を満たすことになります。

$$\frac{\delta Q}{\delta a} = (-2x_1y_1 + 2ax_1^2 + 2bx_1) + \cdots + (-2x_ny_n + 2ax_n^2 + 2bx_n) = 0$$

両辺を-2で割り、aとbでまとめると、

$$(x_1y_1 + x_2y_2 + \cdots) - a(x_1^2 + x_2^2 + \cdots) - b(x_1 + x_2 + \cdots) = 0 \quad \cdots\cdots ①$$

$$\frac{\delta Q}{\delta b} = (-2y_1 + 2ax_1 + 2b) + (-2y_2 + 2ax_2 + 2b) + \cdots = 0$$

両辺を-2で割り、aとbでまとめると、

$$(y_1 + y_2 + \cdots + y_n) - a(x_1 + x_2 + \cdots + x_n) - nb = 0 \quad \cdots\cdots ② \text{(nはデータ数)}$$

図6-14　①式・②式の各項計算結果(図6-10のデータより)

No.	x_i	y_i	x_i^2	x_iy_i
1	100	200	10,000	20,000
2	250	480	62,500	120,000
3	150	250	22,500	37,500
4	200	430	40,000	86,000
5	80	130	6,400	10,400
6	300	620	90,000	186,000
合計 (n=6)	1,080 →①式3項・②式2項	2,110 →②式1項	231,400 →①式2項	459,900 →①式1項

となります。

ここで、図6-10のデータから①式・②式の各項について計算した結果を図6-14に示します。

図6-14の計算結果を①式、②式に当てはめると、

　①式より　459,900 − 231,400a − 1,080b=0

　②式より　2,110 − 1,080a − 6b=0

というaとbの連立方程式が得られ、これを解くとa=2.1649、b= −38.009となり、回帰直線の式はY=2.1649x − 38.009となることがわかりました。

図6-15は、図6-11の散布図グラフに、回帰直線を追加したものです。この回帰直線は、6つの実測値データ点のすべてに近からず遠からずのところを通っていることがわかります。

このグラフからは、実測値データにはない、あるアイテム数xに対す

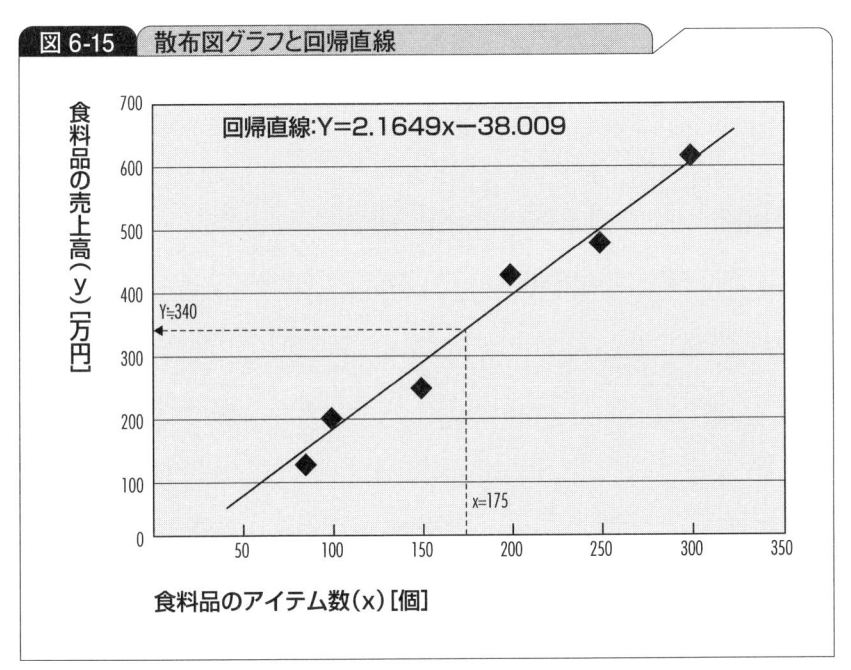

図 6-15　散布図グラフと回帰直線

る売上高yの予測値を回帰直線から読み取ることができます。例えば、アイテム数175個のとき売上高は約340万円であると予測できます。

なお、Microsoft Excelでは、近似曲線ならびに近似曲線の式を自動計算で求め、グラフに追加することができます。図6-15は近似曲線の種類として線形近似（回帰直線）を選択しています。

以上のように、2変量xとyの実測値データをもとに、単回帰分析の手法で分析することによって、説明変量xが変動したときの目的変量yの予測値を与える一次の近似式（回帰直線の式）を得ることができました。

(4) 単回帰分析の評価

次に、単回帰分析により得られた一次の近似式（回帰直線の式）が、どのくらい精度の良い近似式であるかを評価するため、**寄与率**（または**決定係数**）を計算してみましょう。

寄与率とは、実測値yの変動を予測値Yがどのくらいの割合で説明で

図6-16　実測値yの分散S_y^2と予測値Yの分散S_Y^2

No.	x_i	y_i	Y_i	$(y_i-\bar{y})^2$	$(Y_i-\bar{Y})^2$
1	100	200	178	23,104	30,005
2	250	480	503	16,384	22,957
3	150	250	287	10,404	4,222
4	200	430	395	6,084	1,872
5	80	130	135	49,284	46,880
6	300	620	611	71,824	67,476
合計	1,080	2,110	2,109	177,084	173,412
平均	180 $\bar{x}$	352 $\bar{y}$	352 $\bar{Y}$	29,514 S_y^2	28,902 S_Y^2

※予測値、偏差の数値は四捨五入しています

きているかを示す指標であり、R^2で表します。

$$寄与率（決定係数）\quad R^2 = \frac{予測値Yの分散}{実測値yの分散} = \frac{S_Y^2}{S_y^2}$$

と計算され、R^2の大きさは$0 \leq R^2 \leq 1$となります。

一般的には、$0.8 \leq R^2$であれば、かなり良い精度の近似式であると評価できます。

ここで、実測値yの分散S_y^2と、前項の単回帰分析により得られた予測値Y（Y=2.1649x − 38.009）の分散S_Y^2を、図6-16に示します。

図6-16の数値より、寄与率R^2を計算すると、

$$R^2 = \frac{予測値Yの分散}{実測値yの分散} = \frac{S_Y^2}{S_y^2} = \frac{28,902}{29,514} = 0.979264$$

となり、かなり良い精度で近似式が得られていることがわかりました。

section 3　データ解析

Excel 活用法　単回帰分析

　主なデータ解析は、専用の統計分析ソフトを使わなくても、Excelの機能を使って実施することができます。このsectionでは、Excel2010を活用した単回帰分析の手順について紹介します。

(1) 分析ツールをオンにする

　Excel2010で回帰分析を行うためには、分析ツールを使用します。初期設定で分析ツールが使用できる状態になっていない場合、次の手順で分析ツールを使用できる状態にします。

①シートの左上にある[ファイル]タブをクリック →[オプション]をクリック→ [アドイン]をクリックします。
②[管理]ボックスの中の[Excel アドイン]を選択→[設定] をクリックします。
③[有効なアドイン] の一覧の [分析ツール] チェックボックスをオンにし、[OK] をクリックします。

　回帰分析の手順は次のとおりです。
①「データ」タブを選択し、「データ分析」をクリックする
②「データ分析」の中の「回帰分析」をクリックする

(2) 回帰分析ボックスを入力する

　「回帰分析」をクリックすると、回帰分析のボックスが現れます。ボックス内の各項目の概要は次のとおりです。

図 6-17　分析ツールを利用できる状態にする

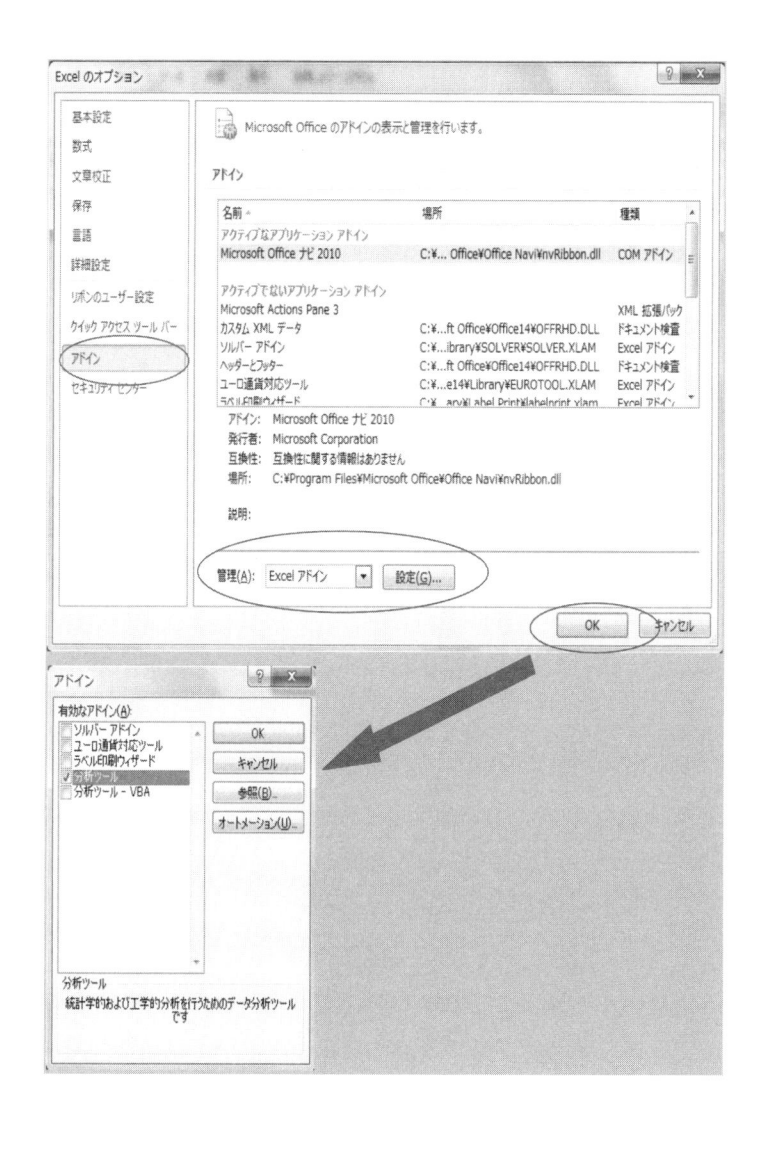

PART 6　データ解析

①入力Y範囲

　ここには、目的変数のセルをすべて選択し、入力します。

②入力X範囲

　ここには、説明変数のセルをすべて選択し、入力します。X範囲には、複数の変量を入力することができます。変量が1種類の場合は、単回帰分析、変量の種類が複数の場合は、重回帰分析になります。

　重回帰分析は単回帰分析に比べて膨大な計算式を要し、理解に時間がかかるため、本書では取り上げません。

③ラベル

　入力したセルの一番上に、データの名前が設定されている場合は、オンにします。数値のみの場合は、必要ありません。

④有意水準

　有意水準とは、回帰分析の結果を棄却するか、採用するかを選択する基準と考えてください。一般的に95％に設定します。この数値を上げると、回帰分析の結果をより厳密に見ることになります。選択しなくても回帰分析を行うことができます。

⑤出力オプション

　「一覧の出力先」は、現在のExcelシート内のどの場所に結果を出力するかの項目です。「新規ワークシート」を選択すると新しいワークシートに、「新規ブック」を選択すると新しいExcelファイルに結果を出力します。

⑥残差

　残差とは、回帰分析の結果である回帰式に当てはまらなかった数字と考えてください。残差を分析すると、残差の中で別の相関が見つかることもあります。残差の分析まで踏み込まない場合は、選択する必要はありません。

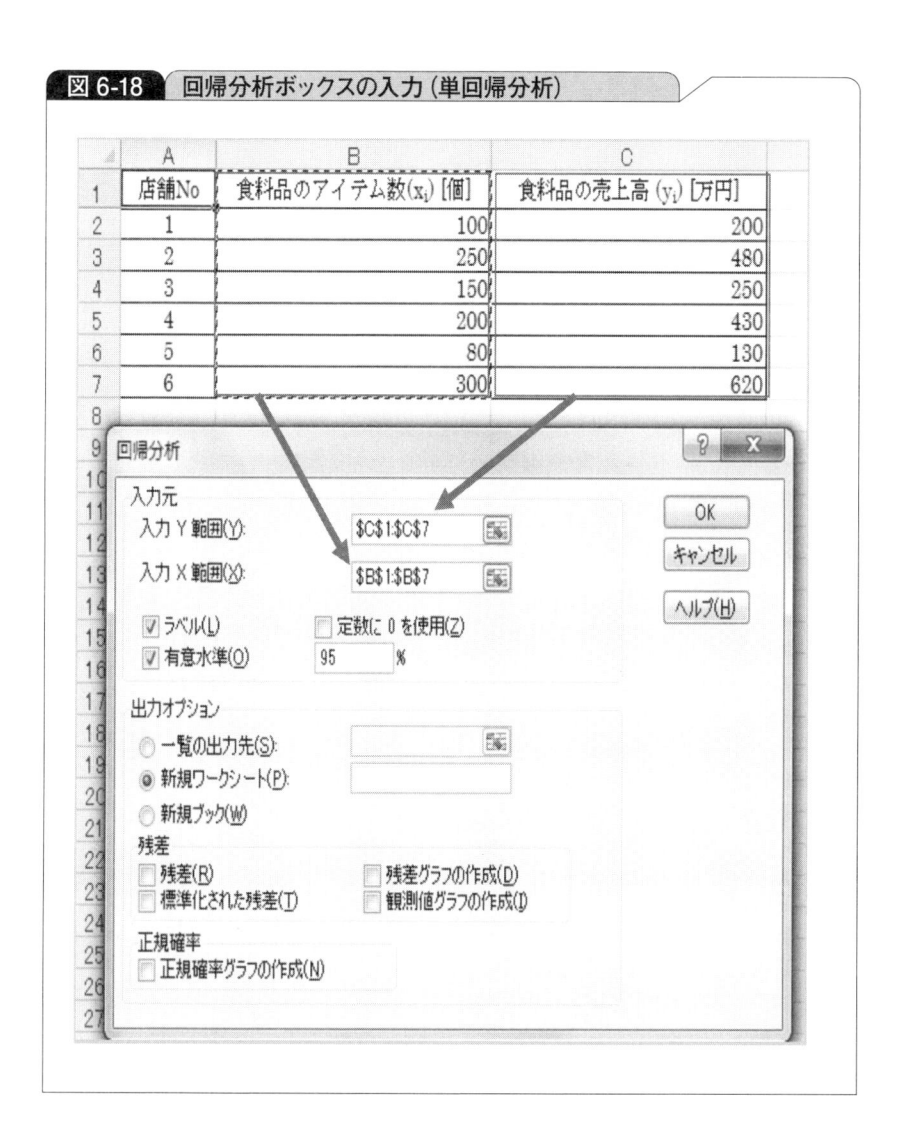

図 6-18 回帰分析ボックスの入力（単回帰分析）

	A	B	C
1	店舗No	食料品のアイテム数(x_i) [個]	食料品の売上高(y_i) [万円]
2	1	100	200
3	2	250	480
4	3	150	250
5	4	200	430
6	5	80	130
7	6	300	620

⑦正規確率

縦軸に実績値（x）、横軸に百分位数をとった散布図を作成する場合に選択します。散布図を作成する必要がない場合は、選択の必要はありません。

(3) 単回帰分析の結果

　回帰分析のボックスで必要事項を入力の上、「OK」ボタンをクリックすると、図6-19の表が現れます。特に注意して確認しなければならないポイントは、次の3つです。

① 「有意F」を確認する

　最初に「分散分析表」の中にある「有意F」の値を確認します。この値が5％より小さい場合、結果として導き出された回帰式が成り立つと仮定できるとし、採用します。

　図6-19の結果では、有意Fは、「0.000163」となっており、四捨五入すると「0.0002（＝0.02％）」であるため、回帰式を採用します。

② 「回帰式」を確認する

　次に出力結果の左下にある「切片」と「説明変量」の係数を確認します。単回帰式：y=ax+bのaが「説明変量の係数」、bが「切片の係数」になります。

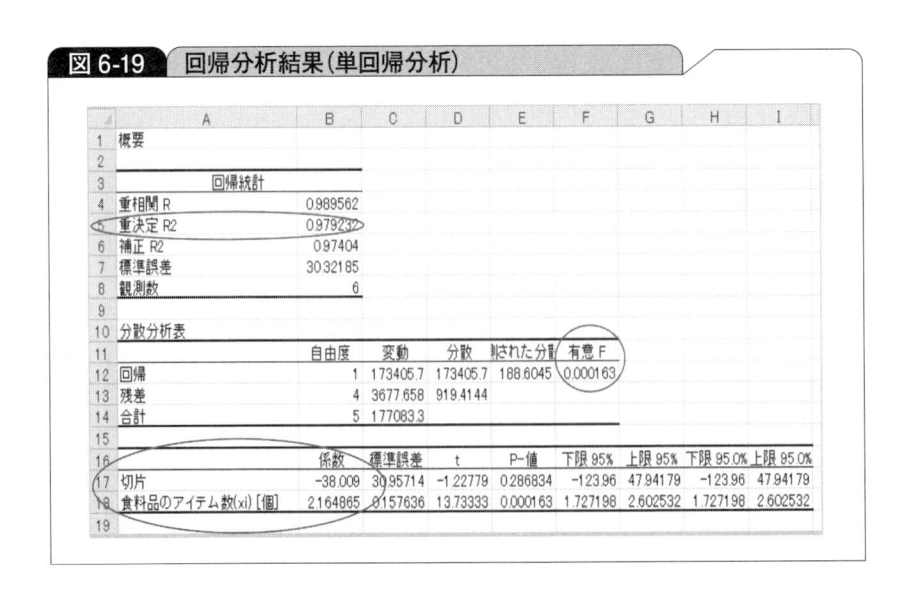

図6-19　回帰分析結果(単回帰分析)

	A	B	C	D	E	F	G	H	I
1	概要								
2									
3		回帰統計							
4	重相関 R	0.989562							
5	重決定 R2	0.979232							
6	補正 R2	0.97404							
7	標準誤差	30.32185							
8	観測数	6							
9									
10	分散分析表								
11		自由度	変動	分散	測された分散	有意 F			
12	回帰	1	173405.7	173405.7	188.6045	0.000163			
13	残差	4	3677.658	919.4144					
14	合計	5	177083.3						
15									
16		係数	標準誤差	t	P-値	下限 95%	上限 95%	下限 95.0%	上限 95.0%
17	切片	-38.009	30.95714	-1.22779	0.286834	-123.96	47.94179	-123.96	47.94179
18	食料品のアイテム数(xi) [個]	2.164865	0.157636	13.73333	0.000163	1.727198	2.602532	1.727198	2.602532
19									

図6-19の結果では、切片は「−38.009」、説明変量である「食料品アイテム数」は小数第5位を四捨五入すると「2.1649」であるため、「y=2.1649x−38.009」の回帰式が導き出されたことになります。
③「回帰式」の精度の確認
　回帰式の精度の良さを判断する指標として、「重決定R2」を確認します。「重決定R2」が前述の寄与率になります。R2は、0〜1の値で表され、1に近いほど回帰式の精度が良いと判断することができます。精度が良いということは、xとyの関係が強いといえます。
　図6-19の結果では、重決定R2が「0.979232」と、1に近い数値になっているため、回帰式の精度が良いと判断できます。

(4) データ解析の留意点

　Excel2010での単回帰分析の手順について述べてきました。単回帰分析を含めたデータ解析は、リサーチ結果を掘り下げて検討する手段として有効です。一方で、データ解析だけですべての事実を捉えることはできません。
　Excelで回帰分析を実行して得られた結果は、あくまでも「確からしい」結果です。多面的に事実を探るためには、回帰分析の結果だけでなく、他のマーケティング・リサーチも実行し、それらの結果と絡めて考えることが重要になります。
　それを踏まえた上で、データ解析について本格的に習得したいと考えるのであれば、データ解析についての専門書などを参考にしながら、実際にデータの分析を繰り返して経験を積む必要があります。「データ解析は、習うより慣れろ」といわれるゆえんです。

section 1　調査報告書
section 2　グラフ
section 3　プレゼンテーション

PART 7

プレゼンテーション

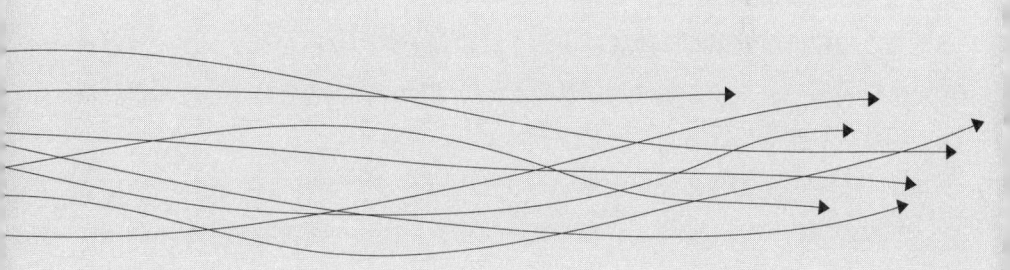

マーケティング・リサーチの価値は
リサーチの内容に加えて伝達力で決まる。
調査報告書をまとめる技術、
プレゼンテーションを実施する技術を理解する

section 1　プレゼンテーション

調査報告書

　調査者は、調査した内容をリサーチの依頼者に報告します。マーケティング・リサーチの目的は、マーケティングについての意思決定をスムーズかつ正しい方向に導くことです。その目的を達成するための最終段階が調査報告書とプレゼンテーションです。

　どんなに優れた調査や分析を行っても、この最終段階において、リサーチの結果が依頼者に的確に伝わり、依頼企業のマーケティングにプラスの効果をもたらさなければ意味がありません。調査者にとっては最終段階における「伝達する力」が不可欠となります。

　PART 7では、マーケティング・リサーチの最終段階である、『調査報告書』『グラフ』『プレゼンテーション』について確認しましょう。

(1) 調査報告書
①調査報告書とは

　調査報告書とは、調査内容とその結果を依頼者に報告するための書類です。リサーチ報告書、分析レポートと呼ばれることもあります。調査者は、依頼者（見る側）の立場に立って、見やすい調査報告書を作らなければなりません。

②調査報告書の基本的なスタイル

　調査報告書の基本的なスタイルは、調査のテーマ、調査の目的、調査の概要、調査結果、考察、添付資料の順番となります。

　次ページに調査報告書の例を示します。

【調査報告書例】

提出日　平成〇年〇月〇日

顧客満足度調査報告書

〇〇株式会社御中

〇〇株式会社××

1．調査のテーマ
　　レストラン「ABC」お茶の水店　顧客満足度調査

2．調査の目的
　　リピーター客増加のための参考データ収集

3．調査の概要
　　調査時期　平成〇年〇月〇日〜平成×年×月×日
　　調査方法　来店客にアンケート用紙配布、集計
　　回収率　　配布数5,000通、回収数2,450通、回収率49％

4．調査結果
- 料理の提供時間は「遅い」が55％で、「普通」が25％である。昨年の同アンケートと比べ、「遅い」が8％アップしている。
- 味の評価について、「美味しい」が75％、「普通」が20％である。
- 雰囲気の評価について、「良い」が55％、「普通」が25％であるが、「悪い」も15％存在する。
- 接客の評価について「悪い」が30％存在する。
- その他についても、「店員に愛想がない」など、接客についての声があった。

5．考察
　　従業員教育を行い、接客を強化する。
　　接客を強化することで、雰囲気の評価も改善できる可能性が高いと考えられる。

6．添付資料
　　アンケート項目と集計データ

調査結果は、特徴を簡潔に箇条書きで表すなど、読みやすく表記します。また、考察（提言）と結果（事実）を混同しないようにします。調査報告書では、事実を述べるだけではなく、提言や考察を加えることが必要です。

　提言は実行可能であり、具体的な内容にすることで、経営者の意思決定に反映させることができます。

　依頼者の希望に合わせて、調査報告書の項目を調整することもできます。例えば、はじめにサマリーを入れることが挙げられます。サマリーとは調査内容の要約であり、依頼者が多忙な場合、調査内容のすべてをを見なくてもサマリーを見るだけで、素早い意思決定につなげることができます。

(2) 調査報告書を書くときの留意点

①専門用語を使用しない

　「ポジショニング」や「シナジー」「セグメント」のような専門用語は、リサーチの依頼者が理解できるとは限りません。調査報告書を見る人すべてに理解してもらうことを考え、専門用語の使用はなるべく控えましょう。

②依頼者が行動を起こす報告書を作成する

　リサーチを依頼した企業や依頼者は、なぜあなたに依頼したのでしょうか。消費者の意見を聞くためでしょうか、新商品の購買動向を知るためでしょうか。

　依頼者は消費者の意見や、新商品の購買動向を知ることにより、「マーケティングを行うための意思決定」をすることを望んでいます。

　マーケティングの４Ｐ（製品政策、価格政策、販売促進政策、チャネル政策）の意思決定の裏づけを取るため、または方向性を決定するためにマーケティング・リサーチがあるのです。

そこで、調査者はリサーチの企画段階から、「依頼者がどのような意思決定の裏づけを取りたいのか」をしっかりとヒアリングすることが重要になります。
　どんなに優れたリサーチや分析も、依頼者の意思決定の手助けにならなければ意味がありません。
　もちろんそれは、依頼者の仮定していたとおりにリサーチの結果を改ざんすることでも、仮定が正しくなるようなリサーチだけを選択することでもありません。
　依頼者の求めている情報を、的確に伝えることに留意しましょう。

調査報告書　チェックリスト
□日付や宛名など必要事項が記載されているか？
□調査結果は簡潔に書かれているか？
□結果と考察（提言）は混同されていないか？
□考察や提言が入っているか？
□専門用語を多用していないか？
□依頼者の意思決定に役立つ内容になっているか？

PART 7　プレゼンテーション

section 2 プレゼンテーション

グラフ

　リサーチの結果をわかりやすく表すときには、さまざまな種類のグラフを利用します。

　項目の大小を表したいのか、構成比を表したいのか、表す内容により使用するグラフは異なります。調査報告書と同様に、依頼者が理解しやすく、訴求力の高いグラフを作成しましょう。

(1) グラフの種類とポイント
①棒グラフ

　複数の項目の大小や、特定の項目の量を時系列で比較するときに使います。

　横軸に対して棒を垂直に表す縦棒グラフ（図7-01）と、水平に表す横棒グラフ（図7-02）があります。項目数が多いときは横棒グラフを使ったほうが各棒が比較しやすくなります。

　また棒グラフには、同じ項目内の要素を積み上げるように表した、積み上げ棒グラフもあります（図7-03）。

②折れ線グラフ

　特定の項目の量を時系列で比較するには、棒グラフ以外にも折れ線グラフで表すことができます。折れ線グラフは線の傾きで時間の経過による変化を表します。

　棒グラフと折れ線グラフのどちらを使うかは、調査内容により変わります。

　図7-04を見てみましょう。A商品、B商品、C商品の月の売上個数の

図 7-01　縦棒グラフ

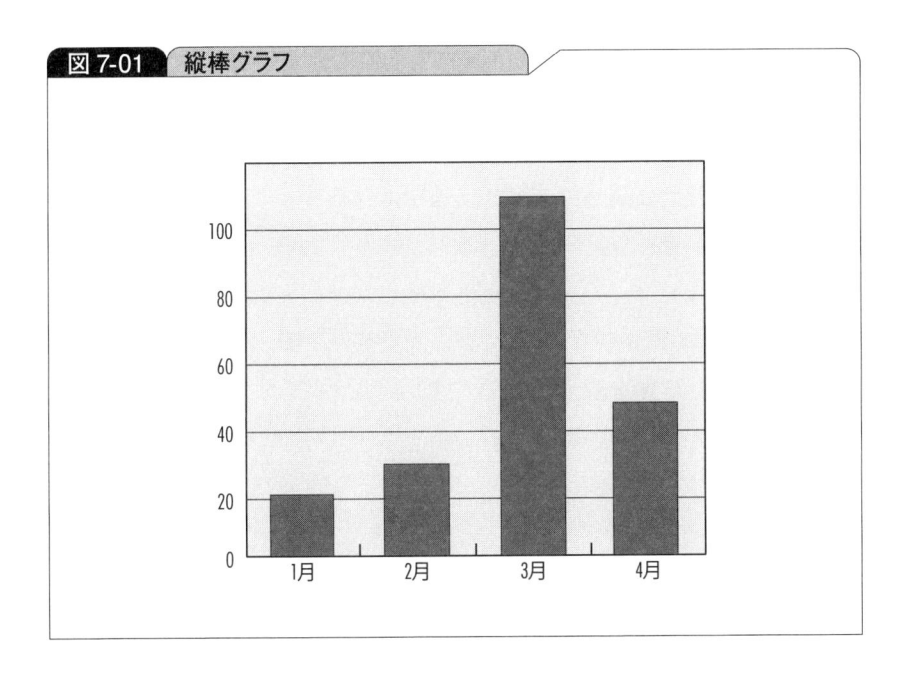

図 7-02　横棒グラフ

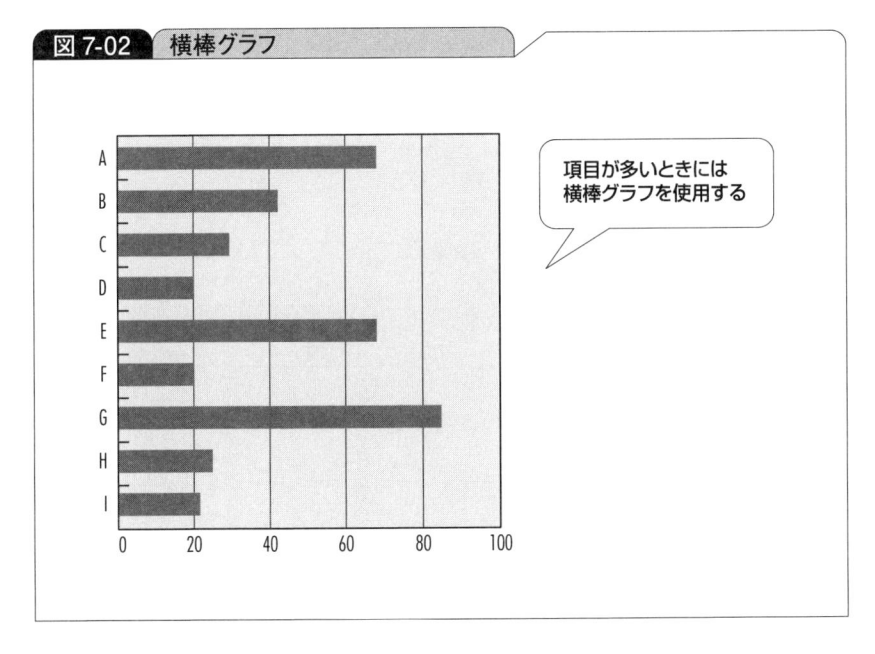

項目が多いときには横棒グラフを使用する

PART 7　プレゼンテーション

推移とその関係を見る場合、「3月にA商品の売上個数をB商品が抜いている」「C商品は1月にはB商品と同等の売上個数があったが、減少傾向にある」などが左の折れ線グラフだと一目で把握できます。折れ線グラフは、同時に複数の商品の時系列データを比較できます。

③円グラフ・帯グラフ

構成比を表すには、円グラフや帯グラフを使います。基本的に円グラフでは時計回りに比率の高い順に構成比を表します。

構成比の経年変化を表すときや、構成比の比較をするときは、円グラ

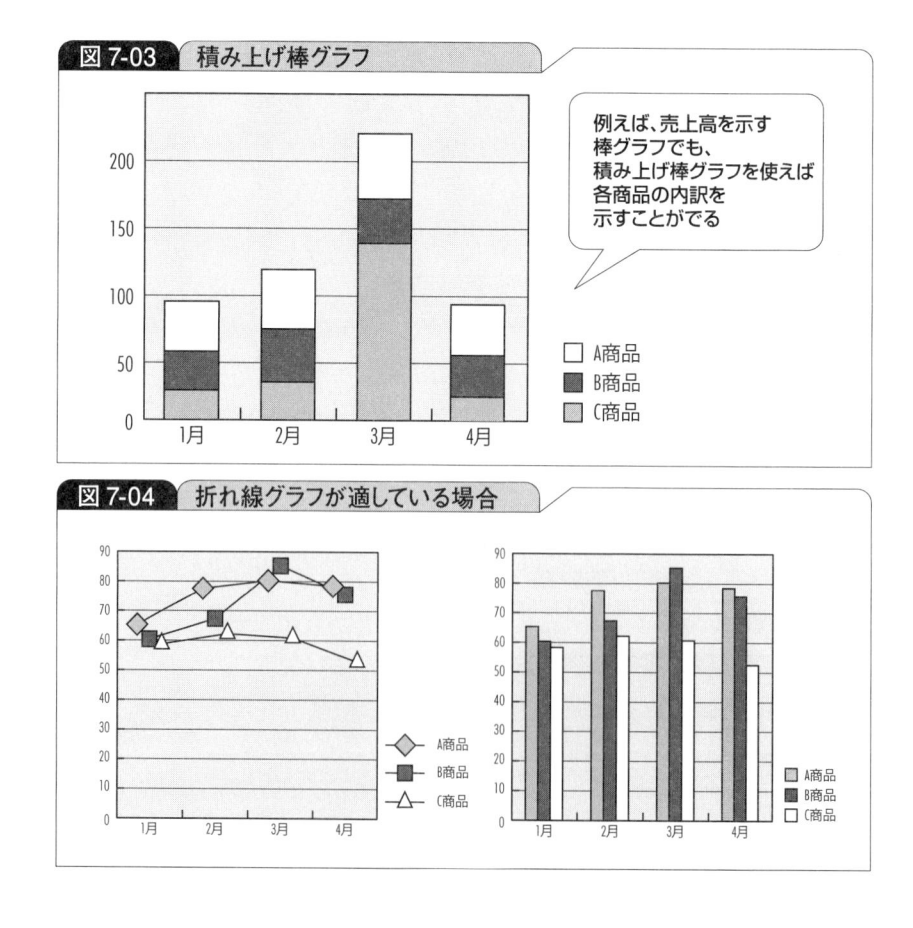

図7-03 積み上げ棒グラフ

例えば、売上高を示す棒グラフでも、積み上げ棒グラフを使えば各商品の内訳を示すことができる

図7-04 折れ線グラフが適している場合

フを複数並べることもできますが、帯グラフで表すと比較しやすくなります（図7-05）。

④レーダーチャート

健康診断や食品の栄養素表示などでよく見かけるように、複数の項目

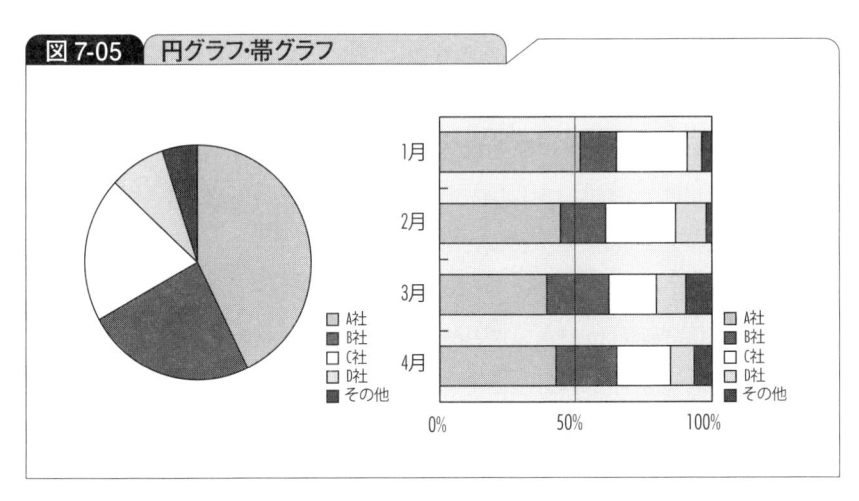

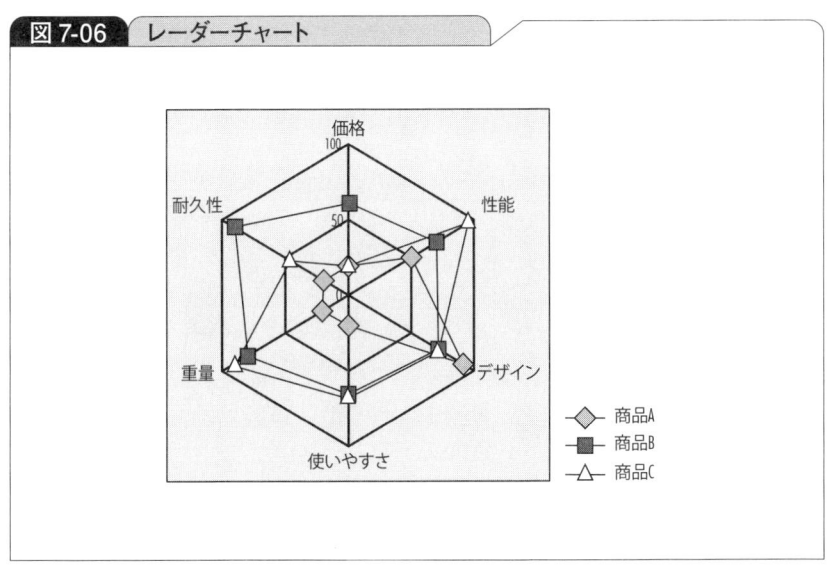

図7-05 円グラフ・帯グラフ

図7-06 レーダーチャート

のバランスを見るときにレーダーチャートを使います。

　マーケティング・リサーチでは、商品の評価のバランスを示すとき等に使われています。

(2) グラフ作成の留意点
①グラフの内容が一目で把握できるか

　人は図表を見たときに、まず色や形から情報を得ようとします。「増加傾向か、減少傾向か」「構成比が高い項目」「構成比の変化」など注目すべき点を一目で把握できる図の種類や色を選択し、場合により、加工を施して理解を促す工夫も必要です。

②グラフの加工例

　データの特徴や背後にある要因を的確に伝えるために、データ加工をほどこし、重要項目が一目でわかるように一歩踏み込んだグラフを作成します。

・重要ではない項目や構成割合の低い項目については、「その他」にまとめることですっきりと見やすくなります。

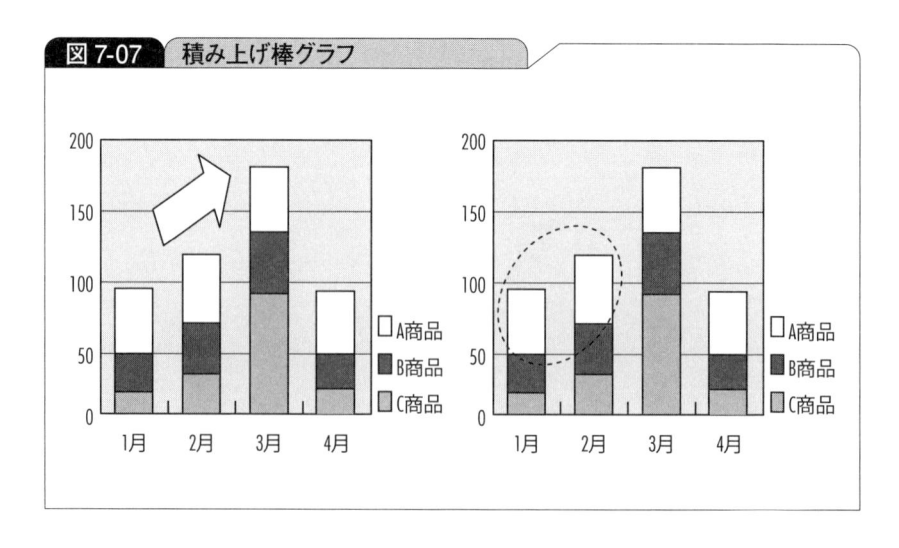

図 7-07　積み上げ棒グラフ

・上昇傾向を一目でわかるように上向きの矢印で示したり、マルで囲むなど、特に重要な点に目を引くポイントをつけると、わかりやすくなります（図7-07）。

> **グラフ　チェックリスト**
> □適切なグラフを選択しているか？
> □ポイントがわかるように、色や加工による工夫をしているか？

section 3　プレゼンテーション

プレゼンテーション

　依頼者にとって有効な情報であっても、プレゼンテーションの声が小さい場合と、大きくはきはきとしている場合では、印象は大きく異なります。

　プレゼンテーションの基本と留意点を確認していきましょう。

(1) マーケティング・リサーチにおけるプレゼンテーションとは何か

　調査結果が依頼者の希望どおりであれば、プレゼンテーションのよし悪しは関係ないでしょうか。

　図7-08を見てください。調査者が依頼者に伝達したい情報量が100あるとします。調査者のプレゼンテーション能力による伝達効率が50％の場合、依頼者には50の情報量しか伝わりません。それが下のように調査者が伝達したい情報量が70と少なくても、伝達効率が高ければ、依頼者に伝わる情報量は多くなります。

　どんなに調査をして、多くの提言内容を持っていても、伝えることができなければ意味がありません。

　一般的には、「資料を読んでもらえば調査結果は理解してもらえるだろう」と思いがちです。しかし、調査結果からの考察、提言を理解してもらい、依頼者が実行するまで背中を押すことができるのは、プレゼンテーションだけなのです。

　調査をするだけでは、マーケティング・リサーチの本当の目的は達成していません。依頼者であるお客様が行動し、企業のマーケティングに良い成果をもたらしてこそ目標を達成したといえます。

図 7-08　プレゼンテーションスキルの必要性

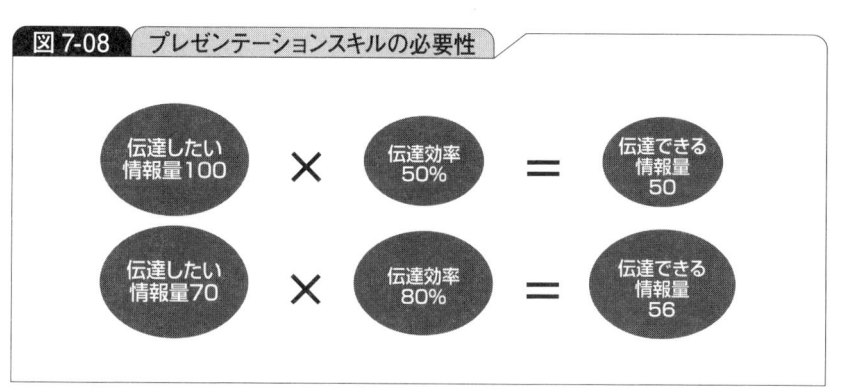

伝達したい情報量100 × 伝達効率50% = 伝達できる情報量50

伝達したい情報量70 × 伝達効率80% = 伝達できる情報量56

図 7-09　プレゼンテーションの役割

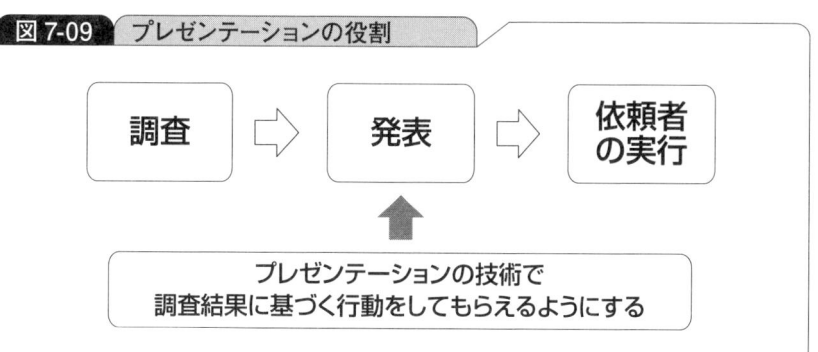

調査 ⇒ 発表 ⇒ 依頼者の実行

↑ プレゼンテーションの技術で調査結果に基づく行動をしてもらえるようにする

　依頼者が実行し、良い成果を上げてもらうために、情報の伝達力、プレゼンテーションスキルを高めましょう。

(2) プレゼンテーションの順序

①結論は先か後か？

　プレゼンテーションでは、結論を先に述べる場合と後に述べる場合があります。

　結論を先に述べると、聞き手は結論に至るまでの経緯について、興味を持って聞くことができるという効果があります。しかし、結論先行のマーケティング・リサーチのプレゼンテーションでは、効果があるとは限りません。

マーケティング・リサーチのプレゼンテーションでは、調査と分析から結論が生まれていることを示すために、起承転結の順番で述べることが効果的です。必ず結論を後にする必要もありませんが、「結論のために作られたリサーチ」であるように聞こえてしまうことのないよう、注意しましょう。

②柔軟な対応をする

　聞き手であるリサーチの依頼主に時間がなく、簡潔なプレゼンテーションが求められるときもあります。そのようなときは、結論を先にいうなど、柔軟に対応しましょう。

(3) 調査結果のまとめから発表まで

①調査結果のまとめ

　調査報告書を精査しながら、今回の調査で強調すべきポイントを確認します。

　調査した内容のすべてを同じように話すのでは、聞き手には何も伝わりません。依頼者が欲している内容を的確に伝えるためにも、依頼者の欲している重要な提言を整理し、強調すべきポイントを意識したプレゼンテーションにしましょう。

②プレゼンテーションの練習の開始

　強調すべきポイントを意識しながら、プレゼンテーションの練習をします。効果的な練習方法は下記のようになります。

a.時間どおりに終わらせるための練習をする

　一般的にプレゼンテーションは、予定時間をオーバーした時点で減点評価です。予定時間をオーバーすると聞き手の集中力が散漫になり、結論にたどり着くまでに集中力が途切れてしまいます。

　しかし、残りの時間が少ないからといって、焦って時間内に収めようとすると、早口になったり支離滅裂になり、聞いている側を混乱させま

す。プレゼンターの混乱は聞いている側に伝染し、プレゼンテーションの信頼性が失われます。

そこで時間を計って練習を行い、時間のずれがある場合は、調整をして時間どおりに終わらせるようにしましょう。

b.客観的視点を取り入れる

プレゼンテーションの良い、悪いは聞き手が判断します。したがって自分のプレゼンテーションの修正すべき点を、自己判断するのは困難です。

そこで、プレゼンテーションを同僚や上司に見てもらい、評価してもらいましょう。評価内容を改善していくことで、プレゼンテーションスキルを高めることができます。

評価をしてもらう際には、良い評価だけではなく、修正すべき点を多く指摘してもらいましょう。

c.自分のプレゼンテーションを見る

聞き手からの評価を取り入れることができれば、プレゼンテーションは驚くほど上達します。しかし、評価をうまく取り入れることができない場合があります。

そのようなときは、自分のプレゼンテーションを見ることで問題を解決できます。プレゼンテーションを撮影し、自ら見ることにより、聞き手の評価（例：顔が常に下を向いてレジュメに目を落としている）を、見て確認することができます。

評価内容を目で見て納得することで、自分のプレゼンテーションを修正しやすくなります。

プレゼンテーションは、「客観的視点＋見直し（修正）」の繰り返しで、大きく上達します。プレゼンテーションスキルを高めて、依頼者に多くの情報を伝達しましょう。

③複数の社内専門家の前でプレゼンテーションをする

社内に、自分の分野と違う専門を持った専門家がいるならば、複数の専門家の前でプレゼンテーションをすることが効果的です。

　複数の専門家の多角的な意見をプレゼンテーションに取り入れることで、プレゼンテーションの内容に厚みができ、依頼者の満足度も高くなります。

④その他のプレゼンテーションの準備

a.パワーポイント活用のメリット

　プロジェクターが使用できる場合は、プレゼンテーション用にパワーポイント資料を作りましょう。

　パワーポイントを使ったプレゼンテーションのメリットとして、聞き手が前を向いたままで資料の説明を聞けるという点が挙げられます。

　配布資料のみでプレゼンテーションを行うと、聞き手は下を向きながら、話し手の声に耳だけを傾けることになります。そうすると聞き手は、

図 7-10　プレゼンテーションの練習風景

図 7-11　パワーポイントを使うメリット

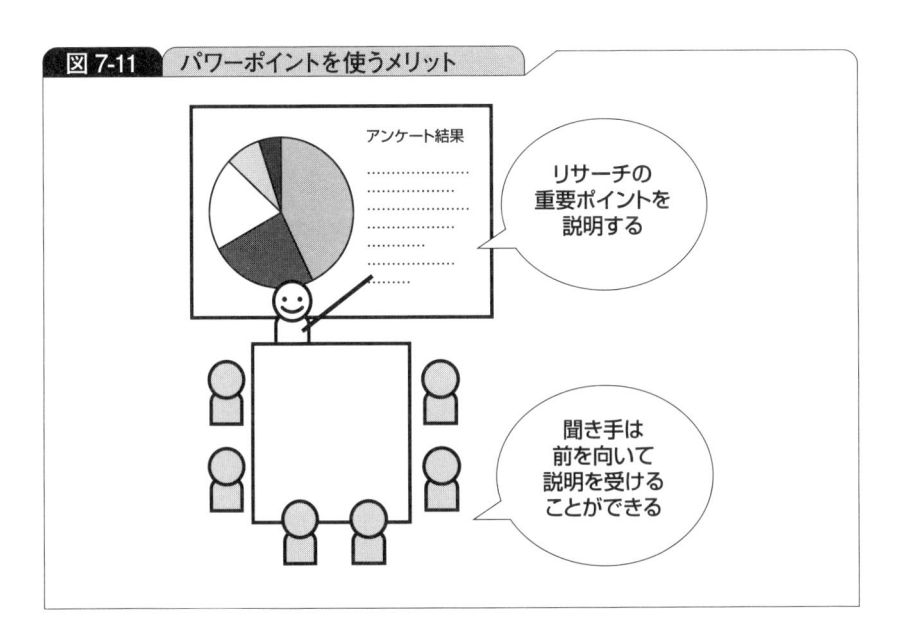

アンケート結果

リサーチの重要ポイントを説明する

聞き手は前を向いて説明を受けることができる

図 7-12　調査結果のまとめから発表までの流れ

調査内容を精査して、強調すべきポイントを確認し、資料をまとめる

⇩

時間を計り、強調ポイントを意識しながら練習する

⇩

複数の社内専門家の前で発表し、多角的な意見を取り入れる

⇩

上記意見を踏まえて提案シナリオを再構築し、資料を完成させる

⇩

完成した資料をもとに、プレゼンテーション練習を繰り返す

PART 7　プレゼンテーション

どの資料の話をしているのか、混乱することにもなりかねません。

聞き手が前を向くことにより、話し手は表情やボディランゲージ、ポインター（または指し棒）を使いながら、重要点を訴えることができます。

b.発表者用のレジュメを作成する

どのように発表するかを書いた発表用のレジュメを作成します。この準備を怠ると、いきあたりばったりのプレゼンテーションになったり、緊張して支離滅裂なプレゼンテーションになります。

レジュメはプレゼンテーション資料をプリントアウトしたものに、話す内容を書き込む形式でもいいし、話すことに慣れていない場合であれば、別紙にまとめるようにしましょう。

発表者用のレジュメを使い、プレゼンテーションの練習をすることで、緊張を抑えることができます。

プレゼンテーション　チェックリスト

☐求められるプレゼンテーションを考慮して、結論を伝えるタイミングを決めているか？

☐プレゼンテーション用のパワーポイント資料は作ったか？

☐発表者用のレジュメは作ったか？

☐時間を計って練習をしたか？

☐依頼者の要求ポイントを押さえたプレゼンテーションになっているか？

☐専門家の客観的視点を入れて、プレゼンテーションを高める努力をしたか？

周りの人のさまざまな意見を取り入れながら資料を完成させ、完成した資料をもとにプレゼンテーションの練習を繰り返し、プレゼンテーション当日に臨みましょう。

参考文献

- 『ロイヤルティ・マーケティング』山口正浩監修、木下安司編著　同文舘出版
- 『コミュニケーション・マーケティング』山口正浩、竹永亮編著　同文舘出版
- 『プロダクト・マーケティング』山口正浩監修、竹永亮編　同文舘出版
- 『プライス・マーケティング』山口正浩編著　同文舘出版
- 『ブランド・マーケティング』山口正浩監修、木下安司編著　同文舘出版
- 『プロモーション・マーケティング』山口正浩編著　同文舘出版
- 『マーケティング原理　第9版』フィリップ・コトラー、ゲイリー・アームストロング著　ダイヤモンド社／ピアソン・エデュケーション
- 『クイックマスター経営戦略・経営組織』山口正浩監修、木下安司編　同友館
- 『クイックマスター・マーケティング』山口正浩監修、木下安司編　同友館
- 『図解でわかる　技術マーケティング』ニューチャーネットワークス編、高橋透、福島彰一郎、伊藤武志著　日本能率協会マネジメントセンター
- 『図解でわかる　マーケティング・リサーチ』石井栄造著　日本能率協会マネジメントセンター
- 『マーケティング戦略(第3版)』和田充夫、恩藏直人、三浦俊彦著　有斐閣
- 『マーケティング・リサーチの実際』近藤光雄、小田宜夫著　日本経済新聞社

- 『マーケティング・リサーチ入門（第3版）』近藤光雄著　日本経済新聞社
- 『マーケティング用語辞典』和田充夫、日本マーケティング協会編　日本経済新聞社
- 『緑茶のマーケティング』岩崎邦彦著　農山漁村文化協会
- 『手にとるように知的財産権がわかる本』荒船良男、大石治仁著　かんき出版
- 『マーケティングリサーチ入門』高田博和、上田隆穂、奥瀬喜之、内田学著　ＰＨＰ研究所
- 『中小企業白書（2009年版）』中小企業庁　経済産業調査会
- 『平成23年度中小企業施策利用ガイドブック』　中小企業庁
- 『平成23年度中小企業施策総覧』中小企業庁編　中小企業総合研究機構
- 『調査・リサーチ活動の進め方』酒井隆著　日本経済新聞社
- 『マーケティング・リサーチの実際』近藤光雄、小田宜夫著　日本経済新聞社
- 『マーケティングリサーチの論理と技法』上田拓治著　日本評論社
- 『図説　スーパーバイザーの実務』並木雄二著　商業界
- 『競合店対策の実際』鈴木哲男著　日本経済新聞社
- 『最新版 これが「繁盛立地」だ!』林原安徳著　同文舘出版
- 『ネットリサーチ活用ハンドブック』宣伝会議著　宣伝会議Business Books
- 『ついこの店で買ってしまう理由』博報堂パコ・アンダーヒル研究会、小野寺健司、今野雄策編　日本経済新聞社
- 『ネット広告ハンドブック』デジタル・アドバタイジング・コンソーシアム編著　日本能率協会マネジメントセンター

- 『図解　アンケート調査と統計解析がわかる本』酒井隆著　日本能率協会マネジメントセンター
- 『図解でわかる　多変量解析』涌井良幸、涌井貞美著　日本実業出版社
- 『多変量解析のはなし（改訂版）』大村平著　日科技連出版社
- 『EXCEL　ビジネス統計分析　ビジテク2007/2003対応』末吉正成、末吉美喜著　翔泳社
- 『報告書・レポート・提案書の書き方』日本実業出版社編　日本実業出版社
- 『プレゼンに勝つ図解の技術』飯田英明著　日本経済新聞出版社
- 『【超入門！】マーケティングリサーチ・ハンドブック』宮嶋和明著　ＰＨＰ研究所
- Great Place to Work(R) Institute Japanホームページ　http://www.hatarakigai.info/index.html
- ザ・リッツ・カールトン大阪　ホームページ　http://www.ritz-carlton.co.jp/index.html
- 株式会社ビデオリサーチ　ホームページ　http://www.videor.co.jp

編著者

山口 正浩（やまぐち まさひろ）
（株）経営教育総合研究所代表取締役社長、中小企業診断士の法定研修（経済産業大臣登録）講師、経営学修士（ＭＢＡ）、ＮＨＫ教育テレビ「資格☆はばたく（中小企業診断士）」司会講師。24歳で中小企業診断士試験に合格後、ＴＢＣ受験研究会統括講師に就任、従業員1名から従業員10,000名以上の企業までコンサルティングを行い、負債3億円、欠損金1億円の企業を5年間で黒字企業へ事業再生した実績を持つ。
『マーケティング・ベーシック・セレクションシリーズ』（同文舘出版）、『クイックマスターシリーズ』（同友館）など、年度改訂の書籍を含めると250冊以上の監修・著書があり、日経ＭＪ「マーケティング・スキル」や企業診断「診断士試験合格への戦略と実践」、近代セールス「勝ち組企業の経営力」など月刊誌数誌の連載を持つ。
近年、若手中小企業診断士のキャリアアップに注力し、執筆指導のほか、プレゼンテーション実践会を主催している。PART 1担当。

岩瀬 敦智（いわせ あつとも）
（株）経営教育総合研究所主任研究員、中小企業診断士、法政大学大学院イノベーション・マネジメント研究科特任講師、早稲田大学オープンカレッジ講師。（株）髙島屋を経て、経営コンサルタントとして独立。PART 4、6（section 3）担当。

執筆者

矢田木綿子（やだ ゆうこ）
（株）経営教育総合研究所主任研究員、中小企業診断士、ＴＢＣ受験研究会主任講師、産業能率大学兼任教員。主に企業戦略・マーケティング戦略の企業研修、中小企業診断士・販売士検定の受験指導に従事。PART 7担当。

山本 光康（やまもと みつやす）
（株）経営教育総合研究所研究員、中小企業診断士、初級シスアド。新聞社に勤務し、デジタルメディアの企画開発とサービス運用を担当している。PART 5担当。

坂口 憲一（さかぐち けんいち）
（株）経営教育総合研究所研究員、中小企業診断士。ソフトウェア会社経営。最近はメタデータやオントロジーを活用したナレッジシステムの研究開発・実用化を進めている。PART 2（section 1～8）担当。

野上 智宏（のがみ ともひろ）
（株）経営教育総合研究所研究員、中小企業診断士。新聞社にて無料情報誌の広告営業、企画に従事する。PART 2（section 9）、PART 3担当。

武藤 有恒（むとう ありつね）
（株）経営教育総合研究所研究員、中小企業診断士、基本情報技術者。商社にて、海外電力プロジェクトの運営・開発を担当している。PART 6（section 1～2）担当。

マーケティング・ベーシック・セレクション・シリーズ
マーケティング・リサーチ

平成 24 年 10 月 2 日　初版発行

編著者―――山口正浩

著　者―――岩瀬敦智

発行者―――中島治久

発行所―――同文舘出版株式会社
　　　　　　東京都千代田区神田神保町 1-41　〒 101-0051
　　　　　　電話 営業 03（3294）1801　編集 03（3294）1803
　　　　　　振替 00100-8-42935
　　　　　　http://www.dobunkan.co.jp

Ⓒ M.Yamaguchi　　　　　ISBN978-4-495-59241-7
印刷／製本：萩原印刷　　Printed in Japan 2012